OCES D'OR

de

l'Externat des Enfants-Nantais

1851-1901

NANTES
IMPRIMERIE ÉMILE GRIMAUD ET FILS
4, Place du Commerce, 4

1901

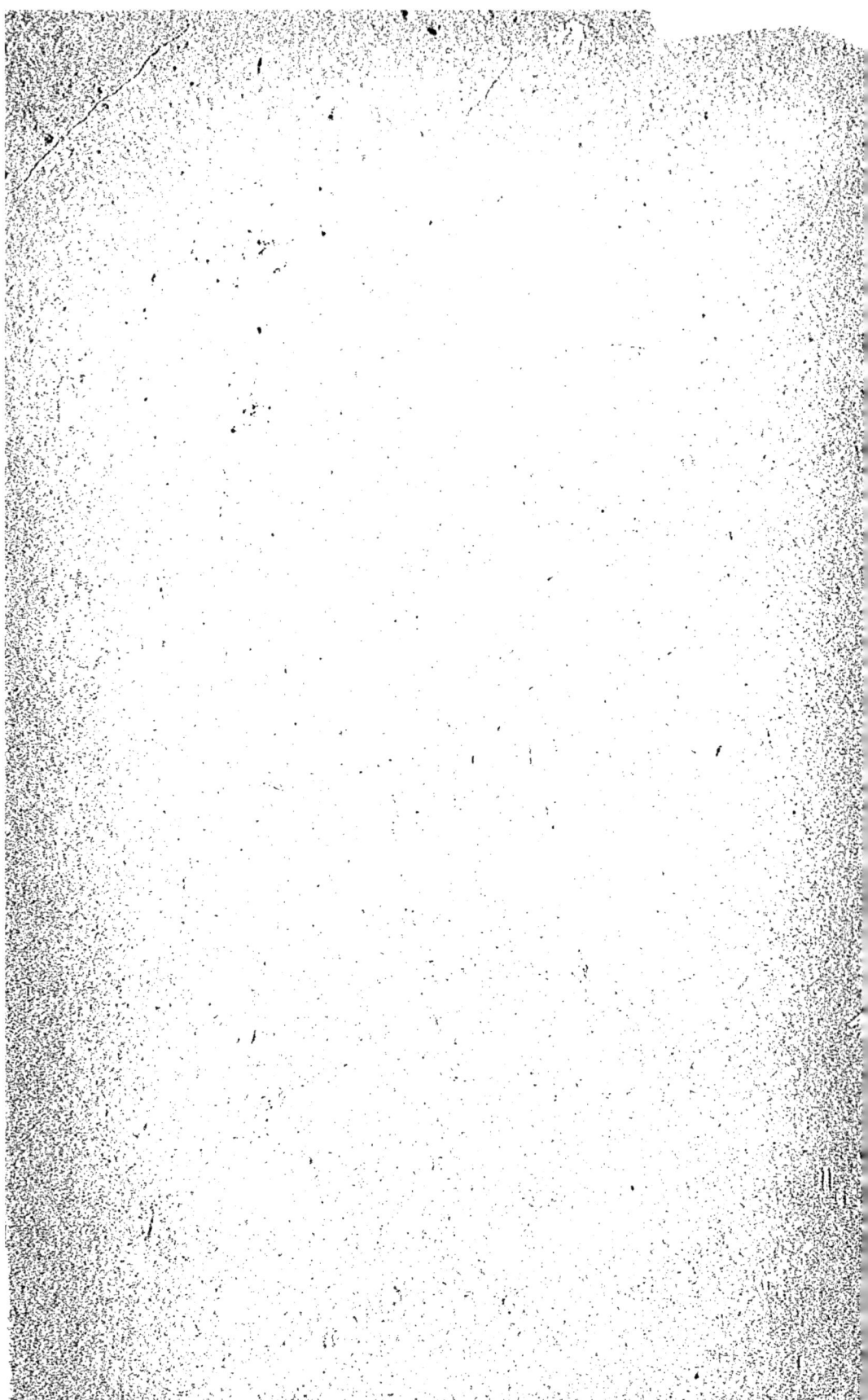

NOCES D'OR

de

l'Externat des Enfants-Nantais

1851-1901

NANTES
IMPRIMERIE ÉMILE GRIMAUD ET FILS
4, Place du Commerce, 4

1901

NOCES D'OR

DE L'EXTERNAT DES ENFANTS-NANTAIS

22, 23, 24 Mai 1901

La loi de 1850 venait de donner à la France la liberté d'enseignement. La ville de Nantes et son évêque, Mgr Jaquemet, voulurent aussitôt user de cette précieuse liberté. Dès le 5 novembre 1851, dans un modeste hôtel de la rue Dugommier, un jeune prêtre, déjà justement apprécié pour son talent oratoire et son amour de la jeunesse, M. l'abbé Pergeline, ouvrait une institution d'enseignement secondaire. C'était le grain de sénevé : 30 enfants se groupaient autour du fondateur, mais bientôt l'arbre poussa de si puissants rameaux qu'il fallut le transplanter ailleurs, dans un terrain où il pût se développer à l'aise. La maison des missionnaires du Saint-François, rue du Boccage, reçut M. Pergeline et ses élèves. L'Externat des Enfants-Nantais, dans ce second local, comme dans le premier, n'a pas cessé de prospérer et de s'accroître : c'est, à l'heure actuelle, l'un des plus florissants collèges libres de la province. Aussi il convenait que le Cinquantenaire d'une si importante fondation fût joyeusement commémoré : il l'a été, les 22, 23 et 24 mai, par un solennel *Triduum*.

Rien n'a manqué à la splendeur de ces fêtes, ni le soleil qui est le sourire de Dieu, ni les charmes de la poésie, de la musique et de l'éloquence, ni l'éclat des décorations. Mais la note caractéristique de cette solennité jubilaire, a été la manifestation spontanée de l'affection qui unit entre eux maîtres et élèves, dans la grande famille de l'Externat. Depuis un demi-siècle, les professeurs de notre cher collège n'ont jamais cessé de s'approprier la belle parole de Lacordaire, éducateur à Sorèze : « Les sentiments que nous éprouvons à l'égard de nos disciples se peuvent résumer en un mot : nous les aimons ! » Les fils de l'Externat redisent de leurs maîtres la même parole. Ils l'ont hautement proclamé dans ces jours des Noces d'or qui ont ainsi, plus que jamais, uni la Maison jubilaire et ses enfants.

1re JOURNÉE

Il fallait d'abord faire revivre le souvenir de nos chers défunts : car « un collège, a dit Mgr Dupanloup, n'est pas bâti seulement avec des pierres ; il est construit surtout avec des âmes », et, puisqu'un trop grand nombre de ces âmes s'en sont allées à une autre vie, nous devons d'abord songer à elles, pour que, des mystérieuses régions de l'au-delà, elles viennent prendre part à nos fêtes. C'est pourquoi notre Triduum a commencé, le mercredi 22 mai, par une messe solennelle de *Requiem*, célébrée, pour le repos de l'âme des professeurs et élèves défunts, par M. le Doyen du Chapitre, le seul survivant des prêtres qui ouvrirent, en 1851, avec M. Pergeline, l'Externat des Enfants-Nantais. *Requiem æternam dona eis !* chante le chœur, et il nous semble qu'à ces accents, s'animent au-delà du tombeau, les physionomies aimées de nos anciens maîtres et de nos chers condisciples disparus. Déjà parvenus au sein de Dieu, ou délivrés par nos prières, ils sourient à leurs fils et à leurs frères Dans notre souvenir revivent le vénéré fondateur de la maison, M. Pergeline, le paternel et docte M. Ollivier, l'aimable et non moins savant M. Bouëdron, le pieux et zélé M. Teulé, l'ami de la jeunesse M. Touchet, le dévoué M. Allou, le sympathique et regretté sénateur Charles Le Cour. Leurs âmes répondent à nos âmes. La mort elle-même ne saurait mettre obstacle à la grande pensée de nos Noces d'or : ressorrer les liens d'affection entre le passé et le présent de l'Externat.

C'est la même pensée qui avait guidé l'Association des Anciens Elèves lorsqu'elle résolut de placer dans la chapelle de l'Externat un monument commémoratif en l'honneur de Monsieur Pergeline. Désormais, ceux qui viendront prier dans ce sanctuaire si rempli de souvenirs, verront les traits du vénérable supérieur qui a exercé avec tant de zèle son ministère auprès de ses chers enfants. Le médaillon en bronze est l'œuvre de l'éminent sculpteur Monsieur de Boishéraud, ancien élève de l'Externat ; il est enchâssé dans un monument en marbre, œuvre du sculpteur nantais si connu, Monsieur Vallet ; autour du médaillon est gravé cet exergue : « *Erat vir potens in verbis et in operibus. C'était un homme puissant en parole et en action.* » C'est bien là le mot qui peint Monsieur Pergeline, dont la vie fut toute entière faite d'éloquence et de bonnes œuvres.

Qu'en face de ce passé glorieux, évoqué au pied des autels par les prières liturgiques, viennent maintenant se grouper les plus jeunes de la famille, les élèves actuels de la maison. Entendez-vous leurs cris joyeux, leurs applaudissements enthousiastes ? pour eux se prépare la table du festin. Bientôt, sous la conduite de leurs maîtres, ils pénètrent, classe par classe, sous le *velum* qui doit abriter le repas. Au fond de la cour de récréation, plantée de mâts vénitiens, M. le Supérieur et M. l'Econome ont fait surgir de terre un véritable palais ; vraiment, comme on l'avait annoncé depuis longtemps, l'Externat, pour cette solennelle circonstance, a dilaté ses tentes ; sous cette solide et aérienne charpente, recouverte de tentures et ornée de guirlandes et de fleurs, sont dressées, outre la longue table d'honneur, six autres tables parallèles : çà et là, des inscriptions rappellent les grands jours de la maison ; des écussons portent les armoiries des Evêques de Nantes qui, depuis Mgr Jaquemet, n'ont cessé de prodiguer à l'Externat les témoignages de leur sollicitude; des portraits font revivre les traits finement souriants de M. Pergeline, ou les mâles physionomies des héros qu'il a formés : Villebois-Mareuil et Mauduit du Plessis. Quelle leçon de choses pour les jeunes élèves dans ces souvenirs et dans cette familiale réunion !

Ainsi que des pères au milieu de leurs fils, les professeurs prennent place au milieu de leurs élèves. Au centre de la table d'honneur, M. le Supérieur, entouré des membres du Comité de l'*Association amicale*, préside, comme le chef de la famille, le banquet de ses enfants; en face de lui est assis M. le Doyen du Chapitre. Bientôt le silence se fait, et, successivement, les premiers en excellence de chaque classe toastent en l'honneur de l'Externat. Depuis le petit élève de la maternelle jusqu'aux graves philosophes, tous parlent à merveille, en prose et en vers; rarement plus vrai, je pense, ne parut le vieux dicton : *Pectus est quod disertos facit*; le cœur reconnaissant de ces enfants leur inspirait les plus délicates et les plus gracieuses pensées.

Dès le second service — car les toasts seront nombreux, il faut s'y prendre de bonne heure, — un élève de dixième s'avance vers M. le Supérieur. Il monte à la tribune — une chaise, — sans trop d'émoi, et débite une fable : La poule de grand'mère a des poussins qu'elle nourrit et qu'elle défend. Plus heureux est le petit enfant de l'Externat :

J'ai ma mère et j'ai mon père, mais de plus,

J'ai mon Externat où l'on sème
De gros bonbons sur mon chemin.
J'y trouve un Supérieur qui m'aime
Et m'appelle son Benjamin.

Et nos chères sœurs que sont-elles ?
Mais ce sont des mères aussi.
Petits poulets, petites ailes,
Ne craignez point les dents cruelles,
Le chat ne viendra pas ici !

Le ton s'élève déjà avec les élèves des Chers Frères. Ces jeunes ont toutes les audaces : ils toastent au Centenaire de l'Externat. Après tout, ils en ont le droit. Nous leur souhaitons d'y être tous.

L'orateur de *septième* s'excuse de ne savoir trop manier la langue française, mais il affirme cependant « qu'il trouvera bien assez de mots pour dire sa reconnaissance ! »

L'orateur de *sixième* monte sur la chaise..., non..., à la tribune ; il se croit, paraît-il, un grand homme, et il se mêle de citer du latin et de donner des leçons de grammaire : « *Bonum vinum lætificat cor hominum* », il avoue que le vin du cinquantenaire l'a rendu gai, et il ajoute :

« Cette gaieté, Monsieur le Supérieur, va se changer tout à l'heure en délire quand mes camarades auront entendu un mot du père Lhomond, le vieux professeur de sixième : « *Otiare quo melius labores* ». Je traduis... pour la septième ! : « Reposez-vous pour mieux travailler ». Pour nous le repos est dans les vacances. Je bois aux vacances du Cinquantenaire !... »

Il avait raison cet enfant d'être gai, et tout le monde l'était, car sa boutade fut couverte d'applaudissements. Toutes les fois qu'on parle de vacances, au milieu d'élèves, on est sûr d'atteindre les cœurs.

Le *cinquième* qui gravit... la chaise, est déjà plus philosophe et plus grave ; il avoue du reste qu'il sait du grec. Il essaye de pénétrer d'un regard scrutateur dans le lointain des âges, et, souhaitant à l'Externat une perpétuelle jeunesse, — probablement cette jeunesse que les héros grecs buvaient à l'eau d'une certaine fontaine, — il s'écrie : « Je bois aux Noces de diamant ! » Eh quoi ! vous voudriez y être rendu, jeune cinquième ? Ces enfants-là désirent toujours vieillir !

Le « *quatrième* » parle en vers. Avec aisance et facilité d'ailleurs, il exprime des sentiments vraiment touchants :

« Je veux vous dire en vers un peu tout ce que j'aime,
— Car dans mon cœur d'enfant, sont nés de grands amours ! —

J'aime notre Externat, j'aime ma quatrième
Où, malgré le travail, nous coulons d'heureux jours...

. . . .

« J'aime du fond du cœur tout ce qu'aiment mes maîtres,
Dieu, la Vierge, la France, oh! la noble pays!
Qui sait si de nos rangs des soldats ou des prêtres,
N'iront pas des méchants relever les défis?

O Fils de l'Externat, aujourd'hui que la France
Souffre tant des malheurs causés par ses enfants,
Lançons quand même au ciel des hymnes triomphants
L'hymne de notre Foi, saluant l'Espérance!

Les *troisièmes* sont divisés en deux camps: les classiques et les modernes; mais la division des sections n'entraîne pas la division des cœurs, témoin ce toast court et bien frappé que nous citons tout entier:

« A toutes les époques, au temps d'Auguste, comme au siècle de Louis XIV, il y a eu rivalité entre les classiques et les modernes. L'Externat dans sa cinquantième année a réalisé « l'accord parfait! ». Pour la première fois, en troisième, classiques et modernes ont oublié les vieilles querelles. Il n'existe entre eux qu'une louable émulation pour le travail. Buvons à cet accord et formons le vœu qu'il dure toujours pour le bon renom et la gloire de l'Externat! ».

La classe de seconde — comme c'est son devoir — apporte des fleurs, et, ce qui est le plus curieux, ces fleurs de seconde sont tout bonnement ce que les savants appellent « des fleurs de rhétorique! ». Ironie des choses! « Au nom de mes camarades, dit le jeune orateur, je cueille les plus odorantes et les plus délicates de notre parterre. Elles porteront l'expression de notre gratitude pour la maison qui nous a formés! ».

Puis vient la rhétorique. Le toast est court, — comme la stature du jeune homme qui le prononce — mais il est énergique comme la voix qui l'articule et éloquent par l'idée même qu'il exprime.

« Dans les grandes écoles, la promotion qui sort tire son nom d'un des événements les plus importants de l'année. En 1901, la rhétorique de l'Externat est fière de s'appeler la « Rhétorique de la cinquantaine ». Après cinquante années d'existence, l'Externat a le front tout chargé de lauriers déposés par nos devanciers, mais il n'a point de rides... La rhétorique de la cinquantaine tiendra à honneur d'apporter à l'Externat ses diplômes de bacheliers.

« Je bois aux bacheliers passés et futurs! »

Les rhétoriciens sont trop pressés. Ils ne sont pas la promotion qui sort. Les philosophes en revendiquent l'honneur, parce que cet honneur c'est le droit de dire plus haut que les autres toute sa reconnaissance.

« Depuis douze ans, dit la philosophie, depuis douze ans, nous cheminons à travers les classes de l'Externat. Elles ont été pour nous comme les délicieuses allées d'un jardin plus agréable que ne l'était aux disciples de Platon le jardin d'Academus; nous y avons cueilli mainte fleur, en recevant les leçons de mainte bouche éloquente et savante, et ces fleurs, en ce jour, composent, au fond de notre cœur, le doux bouquet du souvenir qui parfumera et réjouira toute notre vie. Quand nous pensons que des milliers de jeunes gens ont reçu dans cette maison les bienfaits de l'éducation chrétienne, et que des milliers d'autres jeunes gens les recevront après nous, notre cœur s'emplit d'enthousiasme, (car la philosophie ne tue pas l'enthousiasme; elle avive sa flamme en donnant la passion du beau, du vrai et du bien); et au passé cinquantenaire, au présent glorieux, à l'avenir séculaire de notre Externat, la classe de philosophie porte le toast de la reconnaissance. La reconnaissance n'est-elle pas au dire d'Aristote, l'une des plus nobles vertus morales? « *Magister dixit* ».

« Ce que je revois surtout en ce moment, dit l'orateur de la classe de Sciences, ce sont les années vécues dans cette maison, ce sont les maîtres dévoués que j'y ai rencontrés. Aussi, le premier sentiment qui déborde de mon cœur c'est celui de la reconnaissance. Reconnaissance à tous, mais surtout à vous, Monsieur le Supérieur, qui êtes à la fois la tête et le cœur de cette maison, qui savez si bien vous y faire aimer et dont la paternelle bonté est parvenue à atténuer dans nos cœurs les regrets laissés par la mort du vénéré fondateur de notre cher Externat.

« Mes chers camarades, puisqu'il nous faut quitter cette maison, ne trompons pas les espérances fondées sur nous. Puissions-nous faire fructifier dignement au dehors, les germes que des maîtres dévoués ont déposés et cultivés avec tant de soin et de sollicitude.

« Je lève mon verre aux Enfants Nantais qui resteront par le monde, dignes de ceux qui les ont précédés. »

Aux vœux qui lui étaient offerts en termes si charmants et si littéraires, l'Externat devait répondre : il le fit d'abord par la parole alerte et spirituelle de M. le Dr Guillemet, l'un des deux vice-présidents de l'Association des anciens élèves.

Le Dr Guillemet, au nom du Comité des anciens élèves, remercie M. le Supérieur de l'aimable pensée qu'il a eue de mettre en présence, dans ce banquet si plein de cordialité, le *passé* et le *futur*, deux temps qui cependant semblent s'exclure. Pour les anciens, en effet, aucun spectacle ne pouvait être plus gracieux que celui de ces jeunes, devant qui s'ouvre l'avenir, venant dans une série de toasts aussi bien pensés que bien dits, exprimer à leurs maîtres leurs sentiments d'affection et de reconnaissance. M. le Supérieur a permis ainsi aux représentants du passé de constater que les traditions de forte instruction et de bonne éducation qui ont fait la réputation de l'Externat sont fidèlement transmises par ses soins aux générations qui lui sont confiées.

Honneur donc et merci à lui et à ses professeurs qui s'acquittent si bien de leur mission, courage et succès aux élèves dans toutes les situations auxquelles les destine la Providence, prospérité toujours à l'Externat des Enfants-Nantais !

M. le Supérieur prend ensuite la parole et, au nom du collège jubilaire dont il est, plus que personne, le représentant autorisé, il jette aux jeunes, en vibrants accents, le mot des vieux généraux romains :

« *Majores et posteros cogitate* »

« Vous savez, leur dit-il, ce qu'a été le passé ; les exemples qu'il vous a légués sont sous vos yeux. Songez à ceux qui viendront après vous dans cette maison ; laissez-leur de nobles modèles, pour qu'au jour du centenaire de l'Externat, on puisse dire de vous à ceux qui vous remplaceront ici : *Majores cogitate.* »

Pour terminer cette joûte oratoire, M. le Doyen du Chapitre veut bien, en quelques mots d'une exquise simplicité, nous parler du bon vieux temps. En se rappelant la modestie des débuts, il remercie la Providence du développement pris par l'œuvre de l'Externat, et il se félicite d'en avoir été l'un des premiers ouvriers.

Quelques instants après ce joyeux banquet, tous se dirigent vers la basilique Saint-Donatien. Nous sommes dans l'octave de la fête des saints martyrs ; dès la première heure, ils ont été les Patrons de notre œuvre ; autant de motifs puissants pour nous d'aller vénérer leurs précieuses reliques dans l'église construite en leur honneur par la cité nantaise.

Près du tombeau des Martyrs, M. le Supérieur, dans une éloquente allocution, rappelle aux jeunes pèlerins les bienfaits dont les Enfants-Nantais ont comblé, depuis 50 ans, notre cher collège, et il les excite à la reconnaissance qui sera le gage de nouvelles faveurs.

Nous regrettons de ne pouvoir citer textuellement cette allocution sortie du cœur de M. le Supérieur. En voici la substance :

« La pensée qui nous amène en ce moment au tombeau des SS. Martyrs Donatien et Rogatien est une pensée de reconnaissance. Il y a cinquante ans, les fondateurs de notre maison, cherchant à lui donner au ciel un patronage, n'en trouvèrent pas de plus assuré, de plus glorieux et de plus sympathique, que celui de ces deux jeunes martyrs, appelés par la tradition de notre pays les Enfants Nantais. Et voilà cinquante ans que ce patronage s'exerce sur notre maison et la œuvre de bienfaits. Il ne nous est pas permis d'en douter, car, d'une part, le jugement de l'Eglise qui proclame le patronage de ses saints sur les paroisses, les institutions, les individus, nous est une assurance de leur efficace protection ; d'autre part, la prospérité accordée à l'Externat au cours de ce demi-siècle nous rend sensible l'intervention de nos saints dans notre œuvre. Les remercier en ce jour est donc pour nous une douce obligation.

« Nous venons aussi les prier, et leur demander de nous continuer les bienfaits de leur patronage. Demandons-leur surtout la vertu qui a fait leur gloire : le courage, *exultatio juvenum fortitudo eorum.*

« Demandons-leur *le courage de la foi*, si resplendissant dans l'âme de Donatien. Dans les temps où nous vivons, il vous faut une foi non seulement inébranlable, mais une foi active qui s'étende autour de vous, qui influe sur les autres et qui les gagne à Jésus-Christ. Le baiser de Donatien devait lui tenir lieu de baptême, pensait Rogatien. Vous aurez vous aussi à porter au peuple dont vous serez l'exemple le baiser de la foi qui le fera chrétien...

« Demandons *le courage du devoir*. Nos saints patrons l'ont eu jusqu'au martyre. Soyez, vous aussi, jeunes gens, des martyrs du devoir, sous quelque forme qu'il se présente à vous. Les annales de notre maison gardent précieusement les noms de ceux qui vous ont précédés dans cette voie. Il y a quelques mois, la France entière rendait hommage à l'héroïque commandant de *la Framée*, mort victime de son devoir. Henri de Mauduit du Plessis vous avait précédés dans notre cher Externat ; il avait fait sa première communion dans cette chapelle où quelques-uns d'entre vous vont bientôt faire la leur ; il avait puisé à l'Externat les principes de sa vie si chrétienne ; il était de ces chrétiens qui ont le courage de leur foi, il égrenait chaque jour son chapelet, et c'est en faisant un sublime signe de croix qu'il s'est laissé engloutir dans les flots.

« Voilà de nobles exemples, chers enfants, soyez dignes de vos devanciers comme de vos glorieux patrons. »

Aux dernières heures du jour, les élèves et leurs parents se pressent joyeux dans la salle des fêtes où les attendent de gaies réjouissances.

Les comédies, saynètes et monologues dérideront les plus sérieux ; l'éloquence, la poésie et la musique feront les délices des plus enjoués. Chose inouïe à l'Externat ! quand les derniers applaudissements et les derniers rires auront retenti dans la salle, au dehors, sur la cour illuminée, éclateront les bombes multicolores d'un brillant feu d'artifice.

Au début de cette séance de famille, l'Externat jubilaire, comme les vieux parents, *laudatores temporis acti*, raconte à ses enfants l'histoire de ses années écoulées, en des termes chaleureux et charmants, tels qu'on les devait attendre du président de l'Association, M. Pierre Pichelin, qui lui sert d'interprète.

Nous sommes heureux de pouvoir reproduire le texte de cette causerie où la distinction le dispute à la simplicité.

Discours de M. PICHELIN

MESDAMES, MESSIEURS,

CHERS CAMARADES, GRANDS ET PETITS,

Lorsqu'une famille a le trop rare bonheur de posséder encore, après cinquante ans de ménage, ses vénérables parents, une fête est célébrée : celle des *Noces d'Or*.

A cette fête sont conviés, avec les survivants des vieux amis, les enfants et les petits enfants.

Je ne connais pas de fête qui soit plus joyeuse, je n'en connais pas de plus émouvante.

Les plus jeunes des enfants se lèvent d'abord, et, dans leur enfantin langage, viennent tour à tour, dire aux chers grands parents leur reconnaissance et leur tendresse.

L'un des aînés de la famille peut se lever alors et raconter l'histoire de ce demi-siècle : le foyer fondé, les tristesses et les joies qui ont marqué cette longue suite d'années, remercier les chers aïeux et adjurer les jeunes de garder précieusement dans l'avenir les traditions d'honneur de la famille.

C'est une fête de ce genre que nous célébrons aujourd'hui, que nous célébrerons encore demain.

Cinquante ans se sont écoulés depuis la fondation de notre collège, et nous fêtons, dans la joie, ce cinquantième anniversaire.

Ce matin, nous avons eu la fête intime et charmante des jeunes. Les premiers de chaque classe, du plus petit au plus grand, sont venus dire au nom de leurs camarades un mot parti du cœur.

Et ce soir, je viens — on m'a imposé ce devoir, — tout ému d'occuper une place qu'un autre, hélas ! aurait si bien remplie, rappeler à grands traits l'histoire de ces cinquante années !

C'était en 1851 : l'enseignement secondaire avait, depuis un an à peine, conquis la charte de sa liberté.

Après quels combats, vous le savez !

Vingt années durant, les catholiques s'étaient consumés en luttes incessantes et glorieuses pour obtenir cette liberté toujours promise, et toujours fuyant comme un mirage trompeur.

Veuillot, Falloux, Montalembert, Montalembert surtout avec ces accents de merveilleuse éloquence, dont il avait le secret, avaient été les principaux héros de ces luttes de presse et de tribune, dont le souvenir restera comme la plus pure gloire du catholicisme dans le siècle qui vient de s'achever.

Or, à cette époque, l'Eglise de Nantes avait à sa tête un très éminent évêque. Appelé depuis peu par Mgr de Hercé à lui succéder sur le trône épiscopal, Mgr Jaquemet, était arrivé à Nantes, précédé d'une haute réputation de courage et de vertu. C'est lui qui, vicaire général de l'archevêque de Paris, était à ses côtés quand il tomba frappé d'une balle, tandis qu'il s'avançait vers la barricade de la Bastille, voulant que « *son sang fût le dernier versé* ».

Je le vois encore cet évêque avec sa majesté incomparable, sous cette enveloppe si extraordinairement frêle et comme transparente, qu'il fut, suivant l'expression de M. de Falloux, « le vivant exemple de ce que peut une âme à peine revêtue d'un corps. »

La loi de 1850 venait donc d'être votée ! Mgr Jaquemet voulut que le diocèse de Nantes fût le premier à en profiter.

Il lui fallait un homme : son regard, merveilleusement inspiré, se fixa tout de suite sur un jeune prêtre, alors vicaire de St-Nicolas, que son éloquence, les qualités de son cœur et de son esprit prédestinaient en quelque sorte à devenir le plus éminent des éducateurs.

A cette œuvre qui allait naître il fallait un berceau. On le trouva, rue Lafayette, en un hôtel où, dès le mois de Novembre 1851, trente élèves et quatre professeurs, ayant à leur tête ce jeune et zélé supérieur, fondèrent ce collège des « Enfants-Nantais ».

Les « *Enfants-Nantais* ». Ce nom était bien choisi. Il assurait à l'œuvre naissante la protection de ces frères martyrs, dont la vie et la mort seront toujours la plus haute expression de la fraternité chrétienne : il disait, en même temps, que ces nombreuses générations qui se succèderaient à l'Externat seraient constituées par de véritables enfants de cette bonne ville de Nantes.

De ces élèves, de ces professeurs du premier jour il n'en reste plus guère hélas ! Cependant, au banquet de ce matin, nous avions la joie de posséder et d'entendre l'un des quatre premiers maîtres, monsieur le chanoine Dubois. Et demain, nous aurons sans doute le plaisir d'applaudir l'un de ces 30 premiers élèves, passé maître en l'art de l'éloquence.

De cette première période de notre histoire, que j'appellerai, si vous le voulez, notre histoire ancienne, je ne pourrais parler comme en ayant été témoin. On n'admettait pas alors, comme on l'a fait depuis, les tout petits enfants.

J'arriverai donc tout de suite au *moyen âge* de notre histoire dont nous fixerons le début au mois d'octobre 1855, date à laquelle le jeune Externat transporta ses Pénates en cette maison que lui laissaient les Missionnaires diocésains de St-François.

Je la vois cette maison nouvelle que je découvrais dans mon ahurissement de nouveau. Extérieurement, la grande chapelle avec sa tour, n'a guère changé. Les petites classes avec, entre elles, la gracieuse petite chapelle, étaient déjà ce qu'elles sont aujourd'hui. Mais elles ne prenaient lumière et jour que sur la terrasse et nous souffrions un peu de cet état de choses. Le grand bâtiment qui s'élève aujourd'hui sur la rue Bonne-Louise n'existait point, ni l'Internat de la rue Colbert, ni cette salle superbe où se font les distributions de prix et qui nous reçoit ce soir.

Les prix se donnaient alors dans une vaste tente qui, chaque année, se dressait dans la cour, lorsqu'à notre grande joie approchait la fin de l'année scolaire. Je crois encore entendre l'éloquent rhétoricien, et ses non moins éloquents successeurs, qui firent dans ces premières années les discours habituels. Ils me paraissaient de bien grands hommes.

Je vois encore cette figure ascétique et en même temps si empreinte de parfaite bonté du grand vicaire d'alors qui ne manquait jamais de venir présider ces distributions de prix. Car Monseigneur Jaquemet, dont la santé de plus en plus chancelante le retenait presque constamment dans son palais épiscopal, n'apparaissait plus que très rarement. Saluons, Messieurs, de notre plus respectueux hommage, ce saint et vénéré monsieur Richard, aujourd'hui cardinal-archevêque de Paris, l'un des premiers protecteurs de l'Externat des Enfants-Nantais. Nous aurions été si heureux de le voir honorer de sa présence cette fête de famille à laquelle il s'associe de loin par le cœur et par la prière. Nous savons qu'il ne nous a jamais oubliés : je suis sûr que s'il était ici il reconnaîtrait encore ses enfants d'autrefois malgré leurs rides et leurs cheveux blancs.

Que vous dirais-je de ces premières années ? Si j'en disais trop de bien vous m'accuseriez de céder trop facilement à la manie de la vieillesse de se faire toujours le « *laudator temporis acti* », comme dit le vieil Horace.

Je franchirai donc les quinze années de paix et de travail qui sont le résumé de toute vie de collège, mais je dois m'arrêter, avec une émotion que les ans n'ont pas effacée, devant cette lugubre et terrifiante année 1870.

La France est envahie et tous ceux des nôtres que leur trop jeune âge ou une santé trop débile ne condamnait pas à l'inaction, volent à son secours. Ce sont à Paris, soit aux remparts, soit au Mont Valérien — pour ne parler que des nôtres — Puget, Bonamy, Ch. Le Cour et tant d'autres ; sur les rives de la Loire ou dans les combats de l'Est, Henri Le Cour, Alfred de la Brosse, les deux Jégou, de Visdelou, Burot de l'Isle, Meyniel, pour ne parler que des plus connus. Dans la glorieuse légion des volontaires de l'Ouest se sont enrôlés Bardoul, Hippolyte et Jules de la Brosse, Joseph Houdet, Joseph Viot, Lelièvre de la Touche, Victor Charruau, dont quatre trouvèrent la mort sous la bannière du Sacré-Cœur dans l'héroïque charge de Loigny.

Quelles émotions, Messieurs, et quelles douleurs ! Quand ces corps de jeunes héros furent enfin retrouvés, lorsqu'ils purent être ramenés dans leur cité natale, quelles funérailles leurs furent faites ! Je vois notre chapelle tendue de noir, j'entends les sanglots des mères, des sœurs de ces enfants morts pour la Patrie, et la voix de notre Supérieur, qui jamais ne fut plus éloquente, s'élevant du sein de ces douleurs pour pleurer ses fils, inscrire leurs noms, désormais glorieux, au Livre d'Or de l'Externat.

La paix revient pourtant, et il faut essayer de revivre.

Dans les quinze années qui suivent, notre collège devient de plus en plus nombreux, de plus en plus prospère.

C'est pendant cette période, que s'accomplissent tous les travaux, tous les agrandissements destinés à compléter, au point de vue matériel, notre domaine scolaire.

Notre église, enrichie de ses jolies petites chapelles latérales, s'agrandit encore en se prolongeant vers la rue du Boccage, puis elle s'orna de gracieuses peintures et surtout de cette fresque magnifique du chœur, chef-d'œuvre d'un peintre pourtant assez peu connu, M. Gouëzou.

Des propriétés voisines s'annexant plus tard au domaine primitif permirent tout à la fois d'accueillir, pour les confier aux soins maternels d'humbles et excellentes sœurs, les tout petits, espoir de l'avenir, et de procurer aux classes des grands cet air et ce jour, qui nous manquaient autrefois.

Puis l'Internat fut créé avec son bel hôtel, son agréable jardin, au-delà de la rue Colbert, et ce fut enfin cette salle, trop luxueuse peut-être, qui s'édifia, et qui fit dire à quelques esprits jaloux et chagrins que l'Externat, cédant à la manie du jour, rêvait de Palais Scolaires !

Mais arrière ces critiques ! Que de services n'a-t-elle pas rendus cette salle aux fenêtres de laquelle s'encadrent les portraits de nos fondateurs et principaux protecteurs ! Elle ne fut point égoïste dans son hospitalité. Et elle en a été glorieusement récompensée.

Asile des Congrès catholiques, elle a vibré aux accents des plus éloquents orateurs, Hervé-Bazin, de Lamarzelle, Chesnelong, de Cazenove, Mgr d'Hulst, etc., furent les héros de ces inoubliables soirées.

La salle faillit plus d'une fois crouler sous les applaudissements. Elle ne tomba pas pourtant, heureusement, et depuis lors, elle a donné maintes fois asile à de beaux concerts organisés par les Œuvres charitables de notre ville ; un public d'élite y est venu entendre ces intéressantes conférences dont notre cher Supérieur actuel a eu la très heureuse idée. Elle nous abrite enfin, cette salle.

Donc, merci à ceux qui l'ont élevée.

La construction de cette salle complétait les organes précieux ou essentiels de cet établissement d'enseignement chrétien. A cette date qui se place, je crois, en 1884, se terminera, si vous le voulez bien, l'histoire de notre moyen-âge.

Et depuis lors, nous voici en pleine histoire moderne ou contemporaine.

Bien moderne, surtout depuis qu'une grande tristesse, consolée par une grande joie, est venue marquer notre histoire d'une date mémorable.

Notre vénéré et très aimé fondateur, M. l'abbé Pergeline, voulut à la fin de l'année scolaire de 1891-1892 résigner ses fonctions en des mains plus jeunes.

Le digne continuateur de ses œuvres est devant moi. Je ne veux donc pas dire ici tout le bien que je pense de lui.

Nous retrouvons en lui la même flamme pour le beau et le bien, le même zèle et la même éloquence, le précieux souci de suivre, jusqu'à le diriger, ce mouvement des idées contemporaines vers le progrès des sciences et des lettres, enfin cette ferme volonté de maintenir toujours au premier rang l'enseignement secondaire chrétien.

Ainsi qu'il le disait dans ce merveilleux discours où « sa voix lui refusant ses services, il empruntait pour nous parler, des lèvres tout à la fois filiales et fraternelles », dans ce discours de son jubilé sacerdotal qui fut son testament, M. Pergeline ne quitta pas ses enfants : « Des fenêtres de cette chambre où « nous l'avions toujours connu, disait-il, je les vois tous les jours, « j'entends leurs cris joyeux, je m'intéresse à tout ce qui les « concerne.... Je prie et je souffre pour eux. »

Et puis, comme le soleil qui disparaît au soir d'un jour

serein, notre vénéré fondateur s'éteignit, après six ans de souffrances généreusement et joyeusement acceptées, le 12 août 1893. Ses restes, exposés dans la chapelle de sa maison, furent conduits à la cathédrale, d'où la foule de ses anciens élèves et de ses nombreux amis l'escorta jusqu'au champ de l'éternel repos.

J'en ai fini, Messieurs, car je suis désormais en pleine histoire contemporaine. Cette histoire, si c'en est une, vous la connaissez aussi bien que moi. Deux noms sont encore venus dans ces dernières années enrichir le patrimoine d'honneur de notre collège. Villebois-Mareuil, le héros de Boschop ; — Mauduit du Plessix, le héros de *la Framée*, ont été élèves de l'Externat, et, en méditant sur ces morts qui ont immortalisé leurs noms, nous avons pu nous dire : Ils ont été des nôtres !

Si tous ne sont pas appelés à de glorieux sacrifices, chacun de nous pourtant peut et doit suivre leurs traces en combattant pour le devoir et pour le bien, dans les sphères plus modestes où il est placé.

Vive donc l'Externat ! Qu'il vive longtemps et que ce demi-siècle qui commence soit fécond pour notre ville, pour notre pays, et pour toutes les saintes causes. Tous ces vœux étaient résumés et formulés ce matin en un toast charmant. Un jeune poëte de quatrième lançait, de sa petite voix claire et vibrante, ces vers que vous me permettrez de citer en guise de conclusion :

J'aime du fond du cœur tout ce qu'aiment nos maîtres,
Dieu, la Vierge, la France. Oh ! le noble pays !
Qui sait si de nos rangs, des soldats et des prêtres,
N'iront pas des méchants relever les défis !

O fils de l'Externat ! Aujourd'hui que la France
Souffre tant de malheurs causés par ses enfants,
Lançons quand même, au ciel, des hymnes triomphants,
L'hymne de notre Foi saluant l'Espérance.

Après ce discours chaleureusement applaudi, la maîtrise de l'Externat, exécute la *Cantate du Cinquantenaire*, œuvre magistrale due à la verve poétique de M. l'abbé Lefort, professeur à l'Externat, et à l'inspiration musicale du R. P. Joyau, dominicain, ancien professeur.

Ceux qui l'ont entendue seront heureux de retrouver ici cet hymne de la reconnaissance et de l'amour.

Cantate pour le Cinquantenaire de l'Externat

Réjouis-toi, Maison si chère !
Pour couronner ton front, pour t'acclamer, ô Mère,
Tu nous vois réunis.

Ta voix nous appelait ; et nous, enfants fidèles,
Nous venons près de toi, comme les hirondelles
Au printemps vers leurs nids.
Nous te voyons vaillante et libre :
Après ces cinquante ans, ton âme toujours vibre
Entre ces murs bénis.

Pour une mère il n'est point d'âge ;
Ses fils ne comptent pas ses jours,
Dans les tristesses du voyage,
Elle est toujours la douce image
A laquelle on sourit toujours.

Pour couronner ton front, ô Mère,
En nous fleurit plus beau que la fleur éphémère
Le plus saint des amours !

LES ANCIENS

Quand le Temps dispersa nos barques par le monde,
Nous avions peur du large et de la mer profonde,
Nous, des enfants encor !

Mais ton bras nous avait armés contre l'orage ;
Nous n'avons rien perdu, nous venons sans naufrage,
Tout joyeux à ton port !

LES JEUNES

Et nous qui grandissons loin du bruit, loin des lames ;
Avertis du danger, nous qui formons nos âmes
Aux assauts de demain ;
Près de toi nous avons trouvé ce qui console,
La Science et la Foi : cette double boussole,
Pour notre obscur chemin.

Tes enfants ont écrit leur page
Au livre de l'Honneur français :
Car l'Honneur est le fort breuvage
Qu'à pleine âme tu leur versais.

En couronnant ton front, ô Mère,
Nous jetons à tes pieds, comme un butin de guerre,
Nos orgueils, nos succès.

Poursuis vers l'Idéal ta marche radieuse :
Ton œuvre de lumière est une œuvre pieuse.
Gardienne de la Foi, ta cause est glorieuse ;
Nous lui vouons nos cœurs.
Pour les luttes prochaines,
Fiers labeurs, nobles peines,
Infuse dans nos veines
D'héroïques vigueurs !

Demain, toujours, Mère, que Dieu protège
Lève brillant d'espoir ton front vers l'avenir.
Les ans n'y mettront point leurs rides ni leur neige,
Car notre amour, ô cher Collège,
Viendra souvent te rajeunir.

Nous te donnons le nom de Mère
C'est pour toujours t'aimer, ô toi, Maison si chère,
Et toujours te bénir !

2e JOURNÉE

Dans la première journée de nos solennités, le présent de l'Externat avait joyeusement fêté son passé, le jubilaire et ses plus jeunes fils s'étaient donné réciproquement les gages d'un paternel et filial amour.

Le lendemain, jeudi 23 mai, fut la grande journée du *Triduum*.

Ce n'est plus seulement le présent, avec ses grâces et ses sourires, qui salue, à travers des ombres, le vénérable passé ; c'est le passé lui-même avec ses gloires, qui surgit, ressuscite, et redevient, pour un jour, le présent.

De tous les points du diocèse, de toute la Bretagne comme de l'Anjou, des extrémités mêmes de la France sont accourus les anciens maîtres et les anciens élèves ; ils emplissent, sous la présidence de Mgr l'Évêque, la chapelle trop petite pour les recevoir. Non ! ce n'est point une fiction, ni un être abstrait que l'on exalte en ce jour ; ce ne sont point de vagues souvenirs que l'on remémore ; c'est une grande et noble famille qui vient remercier Dieu et se féliciter elle-même d'être toujours demeurée aussi glorieuse et aussi unie. Qu'il monte donc au saint autel, l'âme pénétrée de reconnaissance, le Supérieur tant aimé qui porte si vaillamment le poids du lourd héritage laissé par M. Pergeline ! Qu'elles s'élèvent vers le Seigneur les harmonieuses mélodies de la musique sacrée, si admirablement interprétées par la maîtrise de la maison, afin de porter jusqu'au trône du Dieu très bon l'hymne de notre gratitude !

La journée commence, en effet, par le sacrifice de l'action de grâces. Jamais la chapelle de l'Externat ne vit fête plus solennelle. Monseigneur l'Évêque de Nantes assiste à son trône, le Révérendissime Père Abbé de la Trappe de Melleraye et Monseigneur Pasquier, protonotaire apostolique, recteur des Facultés catholiques de l'Ouest, ont pris place dans le chœur, une couronne de vingt-cinq chanoines entoure le sanctuaire. La chorale exécute avec une véritable maestria la messe de *Deslandes*; mais le *Credo* de Dumont, chanté par toute l'assistance, fait encore une plus profonde impression. Comment n'être pas ému au spectacle de tous ces fiers chrétiens, affirmant ainsi et toujours la foi de leur enfance et de leur jeunesse? Que de souvenirs s'éveillent en ce moment au cœur de tous ces hommes! Ils redisent le symbole qui ne change pas, lui! C'est bien un écho du passé aussi, cet *O Salutaris* qu'interprète si bien la voix sympathique de M. le Dr Bonhommet! Quelle pure jouissance apportait autrefois sa voix d'enfant! Quelle suave et forte émotion laisse à cette heure cette voix toujours si goûtée!

Le sacrifice de l'action de grâces s'achève. Pour redire les sentiments de tous, la maîtrise chante à nouveau la cantate de la cinquantaine déjà entendue la veille, et dont l'effet est plus saisissant encore sous la coupole de notre chapelle.

Et maintenant, c'est à l'éloquence de célébrer le Jubilé de l'Externat. Un ancien professeur, le R. Père Babonneau, des Frères-Prêcheurs, paraît en cette chaire que M. Pergeline a immortalisée. Le P. Babonneau va l'illustrer à son tour par le magistral discours que tous auront plaisir à relire, après avoir été si heureux de l'entendre.

Discours du R. P. Babonneau

Quid retribuam Domino pro omnibus quæ retribuit mihi?

Monseigneur,

Révérendissime Père,

Messieurs,

Mes Chers Enfants,

La cérémonie de ce jour, placée avec intention au centre de vos fêtes jubilaires pour en accentuer la note religieuse, peut tenir en un mot : La Reconnaissance. — La reconnaissance ! sentiment admirable, l'un des plus exquis et, pour cette raison sans doute, l'un des moins communs de notre cœur — sentiment complexe où l'amour le dispute à la justice, la grandeur d'âme à l'humilité ; où finalement on ne sait ce qui doit l'emporter dans notre estime, de la délicatesse qui l'inspire ou de la générosité qui le traduit.

Professeurs et élèves de cette maison que je vois, aujourd'hui comme jadis, fraternellement groupés et confondus, vous avez obéi à un sentiment de cette nature, en venant présenter à Dieu vos hommages. Vous l'avez compris, il n'en pouvait être de ce jubilé comme de tant d'autres, qui prennent volontiers les allures superbes d'une victoire remportée sur les temps passés ; heureux quand ce n'est pas celles d'un défi provocateur au temps à venir. Rien de semblable pour vous. Chrétiens humbles et dépendants, pénétrés du sentiment de votre fragilité, attendant de la seule libéralité divine la vie au jour le jour, vous n'avez vu dans ces fêtes qu'une occasion propice de dire plus solennellement votre merci à Dieu. Merci pour le passé ; merci pour vous avoir laissé vivre ; merci pour vous avoir permis d'utiliser votre vie : professeurs, en semant largement le bien autour de vous ; élèves, en le recueillant précieusement ; merci, pour vous personnellement ; merci surtout pour cette maison tout entière.

A pareil jour, vos cœurs resteraient-ils enfermés dans un pieux égoïsme ? Evidemment non. Plus haut que vous, il vous rappellent la grande œuvre que synthétise cette maison et, dans cette œuvre, l'*Idée* qui lui a donné naissance, l'*Homme* qui en a été l'ouvrier, les *Résultats* enfin qui l'ont couronnée : l'Idée, l'Homme, les Résultats, tel est si je ne me trompe, le triple objet de la reconnaissance que vous venez manifester ici dans l'expansion d'une joie d'autant plus légitime que Dieu lui-même l'inspire et qu'elle retourne à lui ! Tel est aussi le thème du discours que je me propose de vous adresser, escomptant pour ma parole, si vous la jugiez trop inférieure au très grand, mais très redoutable honneur qui lui est fait, le bénéfice des indulgences plénières propres à ces temps de jubilé !

I

Messieurs, l'association de la Famille à la Religion et à l'Instruction dans l'œuvre de l'Éducation, voilà l'*Idée* qui a présidé à la fondation de cette maison. Cette idée est très simple. Elle est l'expression des lois éternelles de la nature et de la vérité, qui sont ce qu'il y a de plus simple au monde. Mais en même temps cette idée est très grande : à raison de sa fécondité tout d'abord ; mais surtout parce qu'une idée revêt je ne sais quel caractère de grandeur, quand elle devient à ce point méconnue que, pour la remettre en honneur, elle exige le concours militant de toutes nos forces vives.

On le vit bien, Monseigneur, quand un de vos prédécesseurs, qui portait aux choses de l'enseignement le même vif intérêt que votre Grandeur, que tous les grands esprits ; quand, dis-je, Mgr Jaquemet, bravant l'opinion, jetait en 1851 les fondements de cette maison. Pas de milieu alors pour l'enseignement secondaire. Lycées nationaux ou collèges ecclésiastiques, l'État et l'Église n'avaient rien de plus à offrir à la jeunesse. Estimiez-vous, dans vos croyances et vos traditions, que la religion dût présider en reine à l'éducation de vos fils, la récente conquête de la liberté de l'enseignement vous ouvrait toutes grandes les portes de nos collèges. Cette intervention de la religion ne vous apparaissait-elle pas démontrée dans sa rigoureuse nécessité, vous aviez les lycées de l'État où l'idée religieuse tenait une place plutôt restreinte. Mais, de part et d'autre, même oubli total, je pourrais dire, même ostracisme de la famille. Dès l'éveil de sa raison et de sa sensibilité, l'enfant était soustrait au contrôle d'un père, sevré des tendresses d'une mère, privé de l'intimité de frères et de sœurs, *ces amis donnés par la Nature,* exilé du foyer domestique, condamné à vivre, loin de son chaud rayonnement, les plus belles années de son existence. Socialisme d'État ou socialisme d'Église, pas d'autre alternative en matière d'éducation.

Comment la France en était-elle tombée là ? Sous l'empire de quel génie malfaisant avait-elle rompu avec ses traditions séculaires, avec aussi les coutumes en usage chez presque tous les peuples ? Je n'ai pas à le chercher ici.

Mais ce que je tiens à affirmer, parce que c'est là ma conviction, acquise du jour où j'eus moi-même l'honneur de faire partie de votre maison au titre le plus humble, c'est qu'en thèse générale, un tel système d'éducation constituait un double malheur pour l'enfant et pour la famille. Je pourrais ajouter pour la société elle-même, si je n'avais pas à me limiter. Je dis en thèse générale, car je fais la part aussi large que possible aux exceptions qu'imposent fatalement certaines situations et certains milieux sociaux.

Sous les bénéfices de ces réserves, je répète que c'est un malheur pour l'enfant. Croyez-en l'autorité des maîtres. « Malheur, s'écrie Joseph de Maistre, malheur à l'homme qui n'a pas été formé sur les genoux de sa mère ! — laissez-moi vous citer le passage en entier, il est si beau et si court ! — La femme n'a fait ni l'Iliade, ni l'Odyssée, ni l'Enéide, ni la Divine Comédie, ni la Jérusalem délivrée, ni le Cid, ni Athalie, ni le Discours sur l'Histoire Universelle. Mais elle a fait les hommes capables de faire tous ces chefs-d'œuvre. C'est sur les genoux de la mère que s'est formé ce qu'il y a eu de plus grand au monde. » — La meilleure éducation, écrit à son tour Mgr Dupanloup sera toujours défectueuse, si elle se fait sans la légitime et nécessaire influence de la famille . . Toute éducation — c'est encore Mgr Dupanloup qui parle — toute éducation à laquelle les parents refusent de s'associer, non seulement pour le travail, les études, les succès classiques, mais encore pour la piété, la discipline, le bon esprit des élèves et des maîtres, — admirez jusqu'où Mgr Dupanloup ne craint pas de poser l'intervention des parents ! — cette éducation-là est une déplorable éducation. » — « Le père de famille, remarque à son tour le judicieux auteur de la Réforme sociale en France, M. Frédéric Le Play, le père de famille secondé par le prêtre, restera dans l'avenir le véritable guide de la jeunesse nourrie de la science des écoles. »

Croyez-en donc l'autorité des maîtres, croyez-en l'autorité de la raison et du bon sens invariablement sanctionnés par l'expérience.

Pères de familles qui m'écoutez, dites-moi, pourquoi élevez-vous vos fils ? Que prétendez-vous en faire ? des hommes instruits, des esprits distingués, des bacheliers et rien de plus ? Oh ! alors, le lycée suffit. — Des chrétiens de forte trempe ? confiez-les à nos soins. — Est ce tout ? Non, n'est-il pas vrai ? — Vous voulez encore en faire des hommes ; des hommes dans toute la force du terme, c'est-à-dire des êtres en qui s'équilibrent dans la plus juste mesure toutes les facultés, toutes les énergies, toutes les forces vitales de l'âme et du corps, qui auront appris la vie et le monde, à l'âge où il n'est plus permis de les ignorer sans en devenir les dupes ; capables à leur tour et à leur heure de fonder des foyers. Non pas des foyers quelconques, d'aventure et d'occasion, déracinés et individualistes, pour employer le langage du jour, sans consistance dans le présent, sans garantie pour l'avenir parce qu'ils sont sans attache dans le passé. Non. Mais de ces foyers qui gardent les races et font les peuples forts, parce qu'ils savent allier l'esprit d'initiative et de progrès qui caractérise les temps nouveaux, aux louables coutumes, aux pieux souvenirs, aux vénérables traditions des ancêtres.

Voilà — n'est-il pas vrai ? ce que vous désirez faire de vos enfants, et c'est votre droit. Voilà l'enseignement que vous désirez pour eux, concurremment avec celui de la Religion, des Lettres et des Sciences.

Mais cet enseignement, qui donc est capable de le leur transmettre ? J'ai beau chercher, franchement, je ne vois personne en dehors de la famille. Pour cette tâche, je ne vois aucun *remplaçant* possible, parce que je n'en vois pas ayant reçu grâce d'état et science infuse pour communiquer ce que lui-même n'a pu apprendre dans aucun manuel.

Par contre, au foyer domestique, cette science de la vie s'offre d'elle-même aux regards de l'enfant. Elle l'enveloppe, le pénètre, l'éclaire, le stimule, l'instruit, le forme sans même qu'il s'en doute, à la manière, pourrait-on dire, dont les aliments accomplissent en lui leur fonction, agrandissant insensiblement sa taille, nourrissant ses membres, activant ses forces. Ainsi, de son esprit, de son cœur, de son caractère au foyer de la famille, parallèlement aux études classiques, tout concourt à leur développement. La sollicitude d'une mère, l'activité d'un père, le spectacle de la lutte pour la vie, la tristesse des absences, l'allégresse des retours, les malheurs et les joies, les succès et les revers, les deuils et leurs anniversaires, les naissances et leur souvenir; autant de leçons pour l'enfant — et les meilleures de toutes, les leçons de choses!

Et le cœur? la question du cœur dans l'éducation de l'enfant! Que ne puis-je, faute de temps, vous en faire toucher du doigt la gravité extrême et d'autant plus redoutable qu'elle en soulève une autre plus délicate encore! Dans la famille où le cœur trouve toutes les satisfactions légitimes, à peine peut-on dire que cette question existe, tant elle y est naturellement résolue sous sa forme normale. Mais au dehors, qu'en sera-t-il pour l'enfant? Si son cœur reste fermé, quel malheur! et, s'il s'ouvre, quel malheur plus grand encore peut-être, à raison des aberrations étranges où il risque de s'égarer! Avec M. de Maistre, plaignons donc l'enfant privé de sa famille. Plaignons plus encore sa famille elle-même.

Si nécessaires en effet que les parents soient à l'enfant, je ne crains pas de le dire, l'enfant est encore plus nécessaire à ses parents. Leur vie morale le réclame autant que leur repos. Pour le père, notamment, absorbé tout le jour par la fièvre des affaires, quelle récréation plus douce et plus réconfortante que de s'asseoir, le soir venu, à la table de famille, entouré de ses enfants au complet, tendres rameaux du grand arbre qui les a portés, *sicut novellæ olivarum in circuitu mensæ tuæ!* C'est la Bible qui nous prête cette gracieuse image. Comment ne pas sentir au spectacle de la joie naïve et contagieuse, le cœur se dilater, les fatigues se résoudre, l'âme se fermer à la tristesse et à la crainte? Convenez-en, Messieurs, quels cercles et quels clubs, quels théâtres et quels sports vaudront jamais la chaude intimité de ces réunions de famille?

Et la mère, la jeune mère surtout, quelle grâce sans prix est pour elle la présence réelle et perpétuelle de son fils au foyer! Quels liens plus forts et plus doux pour l'y tenir elle-même attachée? Quel plus puissant appui pour résister à la tentation de le déserter et de s'en aller poser, comme un objet d'art ou de convoitise, de salons en salons et de magasins en magasins, où le moins qu'elle puisse perdre est encore son temps et son argent? Quelle plus heureuse nécessité de pratiquer elle-même, en exemple, les vertus qu'elle désire voir briller en son enfant? Quelle autorité plus solide pour les lui demander, sans qu'il soit excusable de les lui refuser? *Mulier salvabitur per generationem.* La femme sera sauvée par son enfant, nous dit saint Paul. Redoutable parole dont, pour sa part, le régime scolaire de l'Externat facilite singulièrement aux mères chrétiennes l'entière application!

N'avais-je pas raison de vous dire que l'active intervention de la famille dans l'œuvre de l'éducation était, dans sa simplicité même, une saisissante et féconde idée, et que, travailler à la remettre en honneur à une époque et dans un pays qui l'avaient reniée, c'était faire preuve d'une haute intelligence et d'un grand caractère.

Gloire donc à Mgr Jaquemet de l'avoir comprise, et grâces soient rendues à Dieu de la lui avoir inspirée!

II

Mais cette idée, il s'agissait maintenant de la réaliser. Il fallait à cette fin un homme absolument à part, capable d'atteindre tout à la fois, dans le rayonnement de son action, les enfants, les professeurs, les parents. Les enfants, pour les initier aux sublimes beautés de notre divine religion, sous la forme la mieux adaptée à leur naissance, à leur milieu social, à leur destination. Les professeurs, pour imprimer à leur mode d'enseignement une telle unité de direction qu'il y eût entente parfaite entre eux et avec lui et qu'ainsi, dans les diverses branches du savoir humain, la même note harmonique ne cessât de résonner à l'oreille de l'enfant. Les parents enfin, pour leur rappeler les devoirs rigoureux que réclamait d'eux ce système particulier d'éducation, pour leur apprendre au besoin à corriger les quelques inconvénients, inséparables de toute institution humaine, qu'il entraîne à sa suite : vérités qu'il fallait faire entrer dans les esprits sous toutes les formes, discours solennels au caractère forcément impersonnel, conférences plus familières et surtout entretiens privés, tête à tête et cœur à cœur, permettant au supérieur et aux parents de mettre en commun leurs remarques, leurs observations, leurs expériences dans le but de pénétrer ce qu'il y a de plus impénétrable peut-être, au monde, l'âme d'un enfant, et de l'orienter à coup sûr vers ses destinées providentielles. Ministère délicat qui voulait un homme du monde dans un prêtre; et, pour parfaire l'un et l'autre, le sentiment très vif de cette paternité spirituelle dont tout prêtre reçoit avec l'onction sacerdotale le généreux ferment. Qui serait cet homme providentiel?

On jugea en haut lieu que M. l'abbé Porgeline pouvait l'être; et, de fait, sa naissance au sein d'une famille justement considérée; ses rares qualités d'esprit nourries par une forte culture littéraire et théologique; son amour pour la jeunesse, qui ne se démentit jamais; sa parole brillante, vive, imagée, visant de préférence, dans son auditoire, les facultés qui dominent au printemps de la vie ; sa physionomie elle-même, grave sans austérité, attirant et retenant tout à la fois, invitant à la confiance, mais arrêtant la familiarité, tout semblait justifier le choix de ses supérieurs et le préparer à devenir l'instrument providentiel, l'homme de l'Idée.

Eh bien! Messieurs, cet instrument, cet homme, M. Pergeline l'a-t-il été? Qu'a-t-il été au cours des quarante années consécutives qu'il a passées dans cette maison, à titre de supérieur? L'a-t-il été pour les enfants, pour les familles, pour les collaborateurs associés à son œuvre? Messieurs, vous tous qui l'avez connu à des titres divers, vous le lui avez dit naguère, vous le lui avez dit dans une circonstance inoubliable, en posant sur son front vieilli, mais rajeuni pour ce jour, la couronne d'or de ses noces sacerdotales. Vous le lui avez dit, dans la plus touchante unanimité, avec ses amis de cœur, les fils de son âme et de sa pensée, ses supérieurs hiérarchiques, l'élite de cette cité. Vous le lui avez dit alors, et aujourd'hui encore au milieu de ces fêtes où son âme seule revit, où par conséquent vos cœurs auraient retrouvé toute liberté pour parler ou se taire, vous vous repentez si peu de le lui avoir dit, que vous avez tenu à confier à la pérennité de la pierre et du bronze l'expression renouvelée de votre inébranlable conviction! J'aurais donc mauvaise grâce à m'attarder à des raisons dont vous n'avez que faire. Je trahirais vos sentiments en voulant les traduire, et la seule tâche que vous me laissiez à remplir, c'est d'enregistrer votre témoignage comme un nouveau motif de rendre grâces à Dieu!

III

Et maintenant, que vous dire des résultats obtenus par l'Externat des Enfants-Nantais? De prime abord, avant toute démonstration de fait, il est impossible que cette œuvre mise en valeur par un tel ouvrier, servi lui-même par des collaborateurs dont le temps seul arrête l'éloge sur mes lèvres, mais que je m'en voudrais de ne pas citer à l'ordre du jour de cette fête, impossible, dis-je, que cette œuvre n'ait pas semé le bien et ne l'ait pas fait lever ; impossible qu'elle n'ait pas reculé, dans la diffusion de la vérité, les bornes du progrès, de la justice, de la lumière, de la Religion ; impossible qu'elle n'ait pas pris place parmi les forces vives de cette cité, je pourrais dire du pays tout entier ; impossible qu'à certain jour de crise notamment, elle n'ait pas conjuré ou retardé des périls, prolongé des résistances, atténué des malheurs, suscité, soutenu, enfanté des dévouements. C'est de toute évidence. Maintenant, dans quelle mesure précise votre Externat a-t-il accompli ces choses ? C'est le secret de Dieu qu'il n'a pas accoutumé de livrer aux curiosités de la statistique et qu'ici-bas aucun chiffre officiel ne matérialise jamais à la manière du rendement régulier de nos moissons. C'est le secret de Dieu et c'est aussi le vôtre, Messieurs, qui êtes vous-mêmes les fruits vivants de l'Externat, et vous me sauriez mauvais gré, j'en suis sûr, de chercher à pénétrer et à dévoiler ici ce que vous avez tout droit de tenir caché. Je suis donc deux fois empêché d'apprécier à sa juste valeur le bien produit par votre institution. Mais ce que je puis affirmer sans crainte d'être désavoué ; ce qui est incontestable parce que c'est là une loi maintes fois vérifiée dans l'histoire des fondations humaines, c'est que le temps qui ne respecte que ce qui est né viable, qui ne s'arrête jamais dans sa course, a bientôt fait de rejeter dans l'ornière du chemin, toute œuvre épuisée de sève et de vie qui refuserait de le suivre d'un pas égal. Pour toute fondation, la fécondité est la condition même de son existence. Par conséquent, si vous en rencontrez une qui après un demi siècle — *grande ævi spatium !* — ne cesse de croître et de prospérer, vous pouvez la saluer de confiance. Elle porte avec elle la preuve sans réplique de son mérite et de son utilité !

Que penser donc des services qu'a dû rendre une Institution qui, depuis sa fondation jusqu'à nos jours, ne s'est pas un instant ralentie dans sa marche ; qui, des 30 élèves qu'elle comptait au début, en chiffre aujourd'hui 300, après en avoir vu passer près de 3.000 dans ses murs ! sans parler des illustrations et des héros qui brillent à son Livre d'Or. Inutile, en effet, de citer des noms tels que ceux des Villebois-Mareuil et des Mauduit qui sont sur toutes les lèvres. Partout, s'écriait naguère encore la voix, illustre elle-même, de votre ancien président, M. le sénateur Le Cour, partout on retrouve les élèves de l'Externat et partout on les reconnait, dans le clergé, la magistrature, l'armée, la marine, les carrières libérales, commerciales, industrielles ! Hélas ! si quelques-uns, infidèles à leur éducation, sont tombés et déchus ; si, de ce chef, nous avons le devoir de nous attrister et de prier, personne n'a le droit d'y voir pour l'Externat une diminution et comme une éclipse de gloire. Mais, le regard fixé sur le magnifique ensemble des fruits qu'il a portés, nous pouvons lancer vers le ciel les notes vibrantes et émues de notre *Te Deum*.

Un dernier mot pour résumer nos actions de grâces à Dieu. Il y a sept ans, à pareille époque, dans cette même enceinte, se célébrait un premier Jubilé, celui-là même auquel je viens de faire allusion : le Jubilé de M. Pergeline. Et dans cette circonstance solennelle, le prêtre éminent que le vénérable jubilaire avait reçu de son évêque, comme successeur, adressait la parole à ses hôtes d'élite et leur disait en terminant : « C'est avec confiance que je vous donne rendez-vous aux premiers jours du XXe siècle. Nous célébrerons alors un autre Jubilé, d'autres noces d'or, les Noces d'or de l'Externat. Ce jour-là, nous dilaterons nos tentes ; nous ferons appel aux fils les plus éloignés. J'en ai le doux espoir, le Père sera encore au milieu de ses enfants et tous ensemble, s'il plaît à Dieu, nous acclamerons le nom de plus en plus vénéré de M. Pergeline. »

M. le Supérieur, votre confiance en Dieu n'a pas été trompée. A jour fixe et point par point il vous est donné — faveur bien rare — de réaliser un programme depuis si longtemps annoncé. Pour célébrer ses Noces d'Or, l'Externat a dilaté ses tentes, avec une ampleur, une élasticité, une magnificence qui tiennent vraiment du prodige. A votre appel les fils les plus éloignés sont accourus. — Je me citerais volontiers en exemple, si parler de moi ne m'était interdit; — mais le Père, le Père bien-aimé dont nous devions acclamer le nom de plus en plus vénéré, ne manque-t-il pas au rendez-vous? et, par son absence, ne projette-t-il pas sur nos fêtes une ombre de deuil, lui, dont la présence devait en être la plus belle parure? Non, Messieurs, je puis le dire en toute vérité, le Père ne nous fait pas défaut. Le Père est encore au milieu de ses enfants. Il est ici, non seulement par l'habileté de l'artiste dont la main filiale l'a comme ressuscité, mais surtout par la vivacité de vos souvenirs qui retiennent ses traits plus fidèlement encore que le bronze. Il est ici par la vie débordante de son œuvre qui gardera longtemps l'impulsion puissante qu'il lui a imprimée, qui devra aspirer à progresser encore, mais non plus à changer(1)! Il est ici dans la personne de son successeur en qui revivent toutes ses qualités, dans celle de tous les continuateurs de son œuvre, héritiers de son esprit. Il est ici enfin, pour nous chrétiens, par la vertu de ce dogme qui exprime l'une des réalités les plus consolantes de notre religion sainte; je veux parler de la communion des saints, qui rend éternellement présents les uns aux autres, des deux côtés de la tombe, ceux que la mort empêche de se voir. Sa vue seule en effet nous manque ici. Mais, par compensation, notre parole y a gagné la liberté de dire de lui et de son œuvre tout le bien que sa modestie n'eût sûrement pas toléré.

Et ainsi, puisque rien ne manque à nos fêtes, que rien également ne manque à notre reconnaissance! Qu'elle monte, portée par notre prière, vers l'Auteur de tout don parfait. Et, en lui disant merci pour le passé, qu'elle Lui exprime finalement le désir qui fait encore battre vos cœurs! Puissions-nous tous ici nous retrouver quand l'heure en sera venue, pour

1. Qualis ab incœpto!

placer au frontispice de l'Externat des Enfants Nantais, au-dessus de la couronne d'or, la couronne de diamant.

Daignent nos aimables Protecteurs et Patrons St Donatien et St Rogatien, nous obtenir cette grâce nouvelle du Dieu très bon et très grand qui nous a donné la joie de ce jour. *Fiat! Fiat!*

Ce discours, pendant trois quarts d'heure, captive l'attention de l'auditoire. Comme le dira M. le Supérieur dans quelques instants, si le P. Babonneau cherchait le succès, on pourrait assurer qu'il a eu l'occasion d'un triomphe ; mais les vrais triomphateurs, aujourd'hui, ce sont ses anciens élèves qui se disent avec un légitime orgueil : « Voilà quel était notre maître ! »

Quand le P. Babonneau fut descendu de la chaire, M. le Supérieur s'avança à la balustrade, et lut le télégramme suivant qu'il venait de recevoir de Rome : « Le Saint-Père envoie de tout son cœur la bénédiction apostolique au Supérieur, aux professeurs, aux élèves et anciens élèves, à leurs familles et amis réunis pour fêter le Cinquantenaire de la fondation de l'Externat sous le patronage des martyrs nantais Donatien et Rogatien ».

Cet acte de paternelle bienveillance du Saint-Père remplit tous les cœurs de reconnaissance pour le Vicaire de Jésus-Christ qui veut bien, de loin, s'associer à nos fêtes. Il nous est doux de songer qu'à pareille heure, Léon XIII est avec nous.

La cérémonie religieuse s'achève par la bénédiction du T. S.-Sacrement, donnée par M. le chanoine Maucler, curé de Savenay, le premier directeur de l'Externat.

Au sortir de la chapelle, les amis se rencontrent, et sont heureux d'échanger de fraternelles poignées de mains et de se rappeler ensemble les gais et bons souvenirs d'antan. Quelques-uns s'attardent à la chapelle, à contempler la maquette remarquable du monument élevé à M. Pergeline.

Mais voici l'heure du banquet. Les trois cents convives prennent place aux tables ornées de fleurs qui s'étendent en longues lignes blanches sous l'immense *velum* où déjà, la veille, a eu lieu le festin des jeunes. L'élite de la cité et du département s'y trouve réunie autour de son Évêque : on y voit le Révérendissime Père Abbé de la Trappe de Melleraye, M. le vicaire-général Allaire, M. de la Ferronnays, député et président du Conseil Général, M. Galot, député et conseiller général, une vingtaine de membres du vénérable Chapitre, parmi lesquels M. le Doyen, M. l'Archiprêtre, Mgr de Couëtus, M. le chanoine Marchais ; MM. les Supérieurs d'Ancenis, de Saint-Stanislas, de Châteaubriant ; MM. les Curés de la Ville de Nantes ; les représentants des Associations amicales de Saint-Stanislas, Ancenis, Bel-Air ; le Cher Frère Alexis, assistant du Supérieur général des Frères de Ploërmel, le Cher Frère Directeur de Toutes-Aides ; les anciens professeurs venus de tous les points du diocèse où ils exercent le saint ministère, et les anciens élèves en très grand nombre, représentant le clergé, l'armée, la magistrature, le barreau, la médecine ou l'industrie. On remarque aussi Mgr Pasquier, protonotaire apostolique, recteur des facultés catholiques d'Angers, M. le Supérieur de l'Institution Richelieu, de Luçon, M. le Dr Joüon l'un des survivant de cette jeunesse studieuse et chrétienne que l'abbé Pergeline aimait à grouper dans sa chambre de vicaire à Saint-Nicolas, etc. Nous regrettons l'absence de son Éminence Mgr le Cardinal Richard, archevêque de Paris, de Mgr Laborde, évêque de Blois, de M. le chanoine Leroux, vicaire-général et supérieur des maisons d'éducation diocésaine, retenu par la maladie, de M. le sénateur Henri Le Cour, de messieurs les députés Dubochet et Anthime Ménard qui, tous, se sont excusés, dans les termes les plus aimables pour l'Externat, de ne pouvoir, à leur vif regret, prendre part à nos fêtes. Il suffit de rappeler ces noms et de jeter les yeux sur les convives pour constater quelle immense influence a exercée l'Externat depuis 50 ans, et quelle place considérable notre collège occupe dans tout l'ouest de la France.

Mais ce qui réjouit davantage encore dans le magnifique spectacle de cette assemblée, c'est la cordialité parfaite et distinguée qui y règne, et qui affirme hautement l'affection mutuelle du prêtre éducateur et de ses disciples ; cette affection, malgré les années, les soucis de la vie ou l'éloignement, se maintient toujours profonde et indestructible comme les motifs élevés qui l'ont fait naître.

Les toasts qui s'échangent à la fin du banquet le prouvent éloquemment.

M. le Supérieur se lève le premier, et s'exprime en ces termes :

MONSEIGNEUR,

« Je me suis attribué l'honneur de célébrer la messe de nos Noces d'or, parce qu'il m'appartenait plus qu'à tout autre de rendre grâces à Dieu pour les bienfaits accordés à notre cher Externat depuis cinquante ans. Si je prends le premier la parole en ce moment, c'est pour continuer cette action de grâces.

« Comment taire sa reconnaissance, au souvenir de ces cinquante années d'un si glorieux passé ? Les aînés d'entre vous, Messieurs, le sentent plus que moi, j'en suis sûr. Ils ont vu semer le grain de sénevé ; depuis longtemps ils contemplent le grand arbre à l'ombre duquel tant de générations sont venues se reposer.

« Notre reconnaissance à tous est montée vers Dieu ce matin, dans d'inexprimables effusions.

« Je voudrais à cette heure la faire irradier du ciel sur la terre, pour payer à chacun le tribut qui lui est dû.

« Ils ne sont pas tous ici, il s'en faut, Messieurs, ceux qui ont fait et qui ont développé l'Externat des Enfants-Nantais. Nous regrettons des absents et nous pleurons des morts. Mais la mémoire des uns et des autres nous reste toujours chère, et c'est justice de les confondre avec ceux qui sont à nos côtés.

« C'est à vous tout d'abord, Monseigneur, que doit aller l'hommage de notre reconnaissance ; en votre personne, je l'offre à la mémoire des évêques de Nantes, vos illustres prédécesseurs. Ils ont créé l'Externat des Enfants-Nantais, et vous, vous le gardez avec un paternel amour, avec une légitime fierté, comme un précieux héritage. Ainsi vous montrez à tous que si les évêques du XIXe siècle furent les conquérants de la liberté de l'enseignement, ceux du XXe en seront les vaillants défenseurs.

« Au nom des évêques de Nantes, il nous est doux d'associer ceux qui furent leurs collaborateurs depuis 50 ans dans la direction de nos maisons d'éducation. Il en est un surtout que je ne puis oublier ici. La Providence, qui prolonge ses jours pour le bien et pour l'honneur de l'Église de France, semble l'avoir gardé pour nous aussi. Vous nommez avec moi l'illustre collaborateur de Mgr Jaquemet dans la création de l'Externat, Son Éminence le cardinal Richard. C'eût été plus qu'un honneur pour nous de le voir prendre part à cette fête. Il a bien voulu nous écrire que c'eût été pour lui une grande joie. « Le cinquantième anniversaire de la fondation de l'Externat, nous disait-il, fera revivre pour moi tant de chers et vieux souvenirs ! Mais le bon Dieu me demande souvent le sacrifice de mes affections les plus chères. Je serai de cœur avec vous, je joins mes bénédictions à celles de votre digne et excellent évêque pour vos solennités jubilaires. »

« Monseigneur, tous vos diocésains connaissent votre vénération pour le Cardinal de Paris, et personne n'en est surpris. Vous avez fait vôtres, et dès la première heure, toutes nos gloires nantaises. Nous nous réjouissons en particulier des liens qui vous unissent à Son Éminence, parce qu'ils sont la preuve que, malgré les deuils qui se sont multipliés sur le siège épiscopal de Nantes depuis cinquante ans, c'est toujours la même tradition d'intelligent dévouement et de noble générosité qui préside aux destinées de l'enseignement chrétien dans ce diocèse.

« N'étant pas de ceux qui n'ont plus l'espérance, nous pouvons, sans nuire à l'éclat de nos fêtes, y évoquer le souvenir de nos défunts.

« Il n'est plus, Messieurs, celui qui vous appelait ses fils. Il y a sept ans, vous souhaitiez à M. Pergeline de présider cette fête ; et aujourd'hui, ainsi qu'il le disait de ses amis d'autrefois « il vous attend sur le rivage de l'éternité ». Mais la mémoire de votre cœur le ressuscite en ce moment, dans une solennité qui nous le rappelle avec toutes les ardeurs de sa jeunesse sacerdotale, les généreuses initiatives de son âme d'apôtre et les poétiques envolées de son inimitable parole.

« Dans une pensée de piété filiale qui vous honore, vous avez confié au marbre et au bronze le soin de vous rappeler cet homme puissant en paroles et en actes, et c'est un de ses fils qui s'est chargé de cette œuvre avec un talent que le cœur a surtout dirigé.

« Il méritait bien, Messieurs, de ne pas mourir tout entier, pour cette terre, l'homme qui vous avait voué toute sa vie.

« De tous les ministères du prêtre, vous disait-il dans son magnifique cantique d'action de grâces, il en est un, le service de la jeunesse, qui a presque absorbé ma vie. La seule pensée du demi-siècle que je lui ai consacré fait déborder ma jubilation. »

« Cette même pensée, Messieurs, fait déborder notre reconnaissance. Son nom vivra parmi nous, aussi longtemps que l'Externat des Enfants-Nantais, parce que l'Externat restera toujours ce que le langage populaire avait si bien exprimé ; l'Externat restera toujours pour nous ses successeurs, pour vous ses fils, et pour la cité dont il a été l'honneur, la Maison Pergeline.

« A ce nom, Messieurs, il me faudrait donner pour cortège les noms de tous ceux qui furent ses collaborateurs. Ayant eu l'honneur d'en être, je suis plus gêné pour parler des 150 prêtres qui, dans ce demi-siècle, travaillèrent à l'œuvre de l'Externat

« Ne parlons que des morts : Bouëdron, Ollivier, Teulé, Roy, Métaireau, Bouchet, Vaillant, Morel, Touchet, Cordé, Allou. Quels noms et quels souvenirs !

« Faut-il citer d'autres noms? Mais ils sont dans vos cœurs, et pour répondre à votre reconnaissance il faudrait les citer tous. Cependant je m'en voudrais de ne pas saluer avec une profonde vénération les ouvriers de la première heure, les Dubois, les Maucler, les Gaborit, brillante légion qui fut à la peine, en ces temps héroïques, et qui mérita, à plus d'un titre, d'avoir les honneurs que l'Église leur a décernés depuis.

« C'est pour vous conserver le bénéfice de leur enseignement, Messieurs, que, chaque année, en vos réunions, vous faites appel à la parole éloquente de l'un de vos anciens maîtres. Vous n'avez eu garde de manquer à la tradition, cette année. Si le P. Babonneau cherchait le succès, je dirais que vous lui avez donné l'occasion d'un triomphe ; mais les vrais triomphateurs aujourd'hui, ce sont ses anciens élèves qui redisent avec un légitime orgueil : Voilà quel était notre maître !

« Messieurs, dans ce jour où la reconnaissance doit payer ses dettes, vous me permettrez bien un hommage affectueux au dévouement, à l'intelligence et à l'esprit sacerdotal de ceux qui m'aident, depuis neuf ans, dans ma lourde tâche. Collaborateurs de M. Pergeline, vous avez laissé ici une riche sève de zèle et de science, car les rameaux qu'elle nourrit aujourd'hui ont encore la vitalité et la jeunesse de votre temps.

« Et maintenant, Messieurs et chers amis, c'est à vous, anciens élèves de cette maison, que doit aller aussi et surtout la reconnaissance du Supérieur de l'Externat. L'Externat, c'est vous. Sa gloire et sa prospérité, c'est vous qui les lui valez.

« Vous êtes deux mille et plus qui, depuis cinquante ans, êtes venus ici chercher le bienfait d'une éducation chrétienne. Un grand nombre sont déjà rendus au port ; ils ont reçu la récompense de leur fidélité. Ceux qui restent gardent fièrement le bon renom de la maison où s'abrita leur enfance. Tous en conservent un souvenir qui les honore en même temps qu'il les réconforte.

« Cette éducation a laissé chez vous la plus profonde empreinte. Elle vous a donné un esprit qui sans doute ne vous appartient pas en propre, mais qui vous caractérise cependant dans certains milieux. Cet esprit est fait d'une droiture qui va jusqu'aux plus héroïques sacrifices, et d'un désintéressement qui va jusqu'à l'immolation. Cet esprit est fécondé par les affections familiales les plus pures ; affections dont vous n'avez jamais été privés, grâce à votre éducation d'externes, affections qui sont votre sauvegarde, parce qu'elles restent les inspiratrices de votre foi et de votre piété.

« Qu'il était bien de votre race, n'est-ce pas, Messieurs, le regretté président de votre Association, M. le sénateur Ch. Le Cour Grandmaison, que nous conduisions à sa dernière demeure, il y a quelques mois à peine ! Je ne referai pas son éloge ici ; je me contente de dire que vous l'aviez mis à votre tête parce qu'en lui vous retrouviez l'idéal d'un véritable Enfant-Nantais.

« Ils étaient bien de votre race ces héroïques défenseurs de la Patrie, dont je m'en voudrais de ne pas évoquer le souvenir à pareil jour ! Vous avez salué bien des fois de votre fraternelle vénération les saintes victimes de 1870.

« Il y a un an, vous rendiez un touchant hommage au colonel de Villebois-Mareuil.

« Il y a trois jours, je recevais une lettre pour excuser l'absence d'un de nos Anciens à cette fête de famille... Était-ce bien pour l'excuser ? Non, Messieurs, c'était pour représenter au milieu de vous l'héroïque commandant de la *Framée*, Henri de Mauduit du Plessix.

« Sa famille a eu la délicate pensée de l'associer à nos fêtes en vous envoyant son portrait ; mais laissez-moi vous dire que ce qui m'a le plus touché dans cette démarche, c'est le témoignage rendu en son nom à l'Externat. « C'est à l'Externat, m'écrivait-on, qu'avaient germé en sa riche nature les qualités qui ont fait de lui un fervent chrétien et un héros. »

« De tels témoignages, Messieurs, sont la seule récompense qu'envient vos anciens maîtres. C'est dire avec quelle générosité vous les récompensez.

« Si je n'étais retenu par la crainte de parler trop longuement dans une circonstance où il y a tant à dire, je devrais vous remercier tous, Messieurs, d'avoir répondu avec tant d'empressement à notre invitation.

« Grâce à votre présence, ces fêtes que nous avions rêvées toutes de famille ont pris une extension qui nous confond; elles témoignent que l'Externat recueille, dans la cité nantaise, quelque chose de la sympathie que la tradition a toujours accordée à ses glorieux patrons les Enfants-Nantais. Ce témoignage nous est précieux, venant du président de notre Conseil général, de ses collègues du Sénat et de la Chambre, de l'élite de nos concitoyens, des dignitaires et membres les plus autorisés du clergé nantais.

« A tous, Messieurs, je dis merci.

« Merci à vous tout particulièrement, vénérés collègues, qui êtes venus à cette fête comme à la fête de l'enseignement libre. Vous représentez ici cet enseignement à tous ses degrés et sous toutes ses formes ; vous venez de l'Anjou et de la Vendée vous unir à la Bretagne. Dans cette union, qu'affirment encore davantage les représentants des associations de Saint-Stanislas, d'Ancenis et de Bel-Air, les représentants de Toutes-Aides et de l'Institut de Ploërmel, je salue le symbole et le principe de la force que nous sommes et que nous voulons être par la grâce de Dieu.

« Ne soyez donc pas surpris, Messieurs, que, songeant au passé qui a été si beau, au présent qui est parfois si sombre, et à l'avenir dans lequel je veux espérer encore, je lève mon verre en l'honneur de l'enseignement chrétien, dont nous sommes les fils et les défenseurs. »

Ce discours est écouté avec la plus vive attention et souligné par les plus vifs applaudissements. Il donne à la fête sa véritable signification en ces termes lumineux, précis, vibrants qui caractérisent l'éloquence de M. le chanoine Gouraud.

Monseigneur prend ensuite la parole, et, dans une improvisation pleine de cœur et d'à-propos, formule les vœux les plus affectueux pour la prospérité croissante de l'Externat. Il se félicite de tout le bien accompli depuis un demi-siècle dans le diocèse et dans toute la région par l'institution que fondait, en 1851, M. le chanoine Pergeline ; à tous les maîtres et élèves qui composent, dans le passé comme dans le présent, l'armée du bien sortie de l'Externat, il adresse le salut qu'un général envoie à des soldats vaillants. Les fils de cette maison sont en effet, partout au premier rang, non seulement par leur situation sociale, mais aussi et surtout par la défense de la vérité religieuse. Sa Grandeur rend un hommage mérité à la mémoire de M. Ch. Le Cour Grandmaison. A l'heure actuelle, l'impiété s'agite et voudrait ravir à l'Eglise l'une de ses plus chères libertés : la liberté de former l'esprit et le cœur de l'enfant ; que tous ceux qui ont reçu de l'Eglise la foi avec la science humaine s'allient et se groupent pour maintenir la liberté à laquelle ils doivent ce qu'ils sont.

Les applaudissements les plus chaleureux saluent ces éloquentes paroles du premier pasteur du diocèse.

Les toasts continuent et se pressent, tant est grand, chez tous les convives le désir de dire leur amour pour l'Externat.

Le nouveau président de l'Association des Anciens élèves, M. Pichelin, prend le premier la parole après Monseigneur.

Voici son discours :

Monseigneur,

« Au nom de la Société Amicale des Anciens Élèves de l'Externat, je remercie Votre Grandeur du souvenir ému qu'elle vient de donner à la mémoire de l'éminent président, de l'ami si parfait dont nous déplorons la perte, M. le sénateur Le Cour.

« J'aurais voulu, quant à moi, qu'en signe de deuil la fonction de président demeurât plus longtemps vacante. Vous en avez décidé autrement, chers camarades, et vous m'avez fait le très grand honneur de me confier cette charge.

« Elle m'impose, en cet instant solennel, le devoir un peu redoutable, mais cependant très doux, de traduire en quelques paroles bien simples les sentiments qui remplissent nos cœurs.

« Ces sentiments se résument en un seul : celui de la reconnaissance.

« Reconnaissance envers Dieu, d'abord, qui nous fit trouver en cette maison les suprêmes bienfaits d'une éducation chrétienne.

« Reconnaissance envers nos Evêques qui, depuis Mgr Jaquemet jusqu'à Votre Grandeur, n'ont cessé de l'assister de leur paternelle sollicitude.

« Reconnaissance envers ces maîtres qui, depuis 50 années, ont prodigué à tant de générations *d'Enfants Nantais* les trésors de leur science et de leur dévouement. Je voudrais les nommer tous ; ne le pouvant pas faire, je n'en nommerai aucun. Mais, dans notre pensée et dans nos cœurs, nous unissons ceux qui ne sont plus à ceux qui sont encore parmi nous ; les ouvriers de la première heure dont plusieurs, à notre grande joie, honorent de leur présence ce banquet des noces d'or, à ceux qui, au profit de la génération présente, continuent avec tant de zèle et de succès les traditions de leurs devanciers.

« Notre reconnaissance a voulu se manifester par des faits.

« Aujourd'hui, chers camarades, pour perpétuer le souvenir de notre vénéré fondateur, vous avez voulu fixer par un monument durable, dans cette chapelle même qui fut le témoin de son apostolat, les traits aimés de M. l'abbé Pergeline. C'est un de ses anciens élèves, un enfant de cette maison et en même temps un artiste de grand talent, M. Sébaste de Boishéraud, qui, dans un médaillon très ressemblant, a su accomplir cette œuvre difficile.

« Nous avions fait mieux encore, déjà. Nous avions, en effet, donné à l'Externat ce que nous avions de meilleur : Quatre prêtres sortis de nos rangs ! Autrefois élèves, maîtres aujourd'hui, ils forment le plus précieux trait d'union entre le corps enseignant et le corps enseigné. Ils sont ici comme le témoignage vivant de notre reconnaissance à l'Externat et la meilleure preuve de l'excellence de son système d'éducation.

« J'ai parlé du corps enseigné et je parle en son nom; car unissant dans mon souvenir le passé au présent, les plus anciens aux plus jeunes, c'est au nom de la jeunesse que j'élève la voix : la jeunesse, oui, et toute la jeunesse. Non plus seulement celle qui se presse dans nos collèges libres de Nantes et du diocèse, mais la jeunesse catholique de notre France. C'est pour cette jeunesse tout entière que nous voulons, que nous réclamons grande la sainte liberté ; nous la voulons pour tous les maîtres chrétiens qu'ils soient d'Arcueil, de Vaugirard, de Vannes ou de la rue des Postes, cette liberté féconde, dont la suppression serait la plus odieuse des tyrannies.

« Nous la voulons pour l'Enseignement à tous les degrés, notamment pour l'enseignement supérieur dont Mgr Pasquier, l'éminent recteur des Facultés catholiques d'Angers, est ici le représentant vénéré.

« C'est dans ces sentiments, chers camarades, que je lève mon verre, vous conviant à unir dans une même pensée de reconnaissance tous ceux qui nous ont, depuis cinquante ans, prodigué les trésors de leur dévouement et de leur science,

« Nos maîtres,
« Nos Supérieurs,
« Nos Évêques ! »

Inutile de dire quels applaudissements ont accueilli ces éloquentes paroles.

Après le Président de l'Association, l'un des anciens, venu au premier appel dans l'ancienne maison de la rue Dugommier, « où l'on était si à l'étroit et où l'on se trouvait si bien », M. Aurélien Padioleau, nous rappelle les débuts de la Maison et salue les derniers témoins des temps anciens, en particulier M. le chanoine Maucler, le curé de Savenay son ancien professeur de rhétorique. « Vous enseigniez si bien, lui a-t il dit, et nous apprenions si mal. » Puis, pour bien nous prouver que les enseignements n'ont pas été perdus, M. Padioleau d'une façon absolument remarquable, nous trace un aperçu, hélas ! trop vrai, des dangers que court à l'heure actuelle cette liberté d'instruction, conquête du siècle dernier, que nous croyions définitivement acquise et qui se trouve de nouveau discutée et menacée. Plein de confiance cependant, il lève son verre à la prospérité de l'Externat, sous le régime de la liberté.

M. Linyer, président de l'Association Amicale de Saint-Stanislas, se lève à son tour.

« Messieurs, dit-il, je m'excuse de prendre la parole ; ma meilleure excuse sera de ne pas la conserver longtemps.

« Mais je n'ai pas le droit de rester silencieux après les mots aimables qui viennent d'être prononcés par M. le Supérieur de l'Externat des Enfants-Nantais et par M. le Président de l'Association des anciens élèves.

« Je manquerais aux devoirs les plus élémentaires de la courtoisie, si je ne les remerciais sincèrement d'avoir procuré, à l'Association des anciens élèves de St-Stanislas et des Couëts, l'occasion de s'associer à la fête de votre Cinquantenaire.

« Si aimable au surplus que soit votre invitation, elle nous a paru si naturelle et si nécessaire que nous aurions été surpris de ne la pas recevoir.

« Aux fêtes des anniversaires, ce sont en effet les parents qu'on invite, et ne pouvons-nous pas nous considérer comme des parents ? ne sommes-nous pas de la même famille ? n'avons-nous pas un patrimoine commun d'idées puisées dans une éducation commune, qui, survivant aux années et aux événements, créent et maintiennent entre nous les liens d'une affinité étroite ?

« Notre présence à cette fête de votre Cinquantenaire était donc tout indiquée, comme elle le sera à cette fête plus solennelle encore, mais si lointaine, de votre Centenaire, que j'ose saluer cinquante ans à l'avance.

« Sans doute, malgré l'éternelle jeunesse dont veut bien nous doter mon ami Pichelin, nous ne serons plus là pour la célébrer ; mais, pour autant, notre place ne sera pas vide.

« J'en ai pour garants, ces jeunes générations qui, plus nombreuses chaque année, viennent s'asseoir sur les bancs de nos collèges, attestant l'attachement inébranlable de nos populations à leur convictions religieuses et à la liberté de l'enseignement.

« Ce sont là des sentiments qui ne meurent pas ; ils traversent sans faiblir, les orages les plus redoutables.

« C'est donc, sans timidité, le cœur plein d'une légitime confiance, que je vous invite à lever votre verre et à boire avec moi, cinquante ans à l'avance, aux fêtes de votre centenaire. »

Il nous a été particulièrement agréable de recevoir ces vœux de prospérité d'une institution, qui ne peut être que chère à l'Externat, parcequ'elle est sa sœur aînée.

Monsieur de la Ferronnays, président du Conseil général de la Loire-Inférieure, qui honorait nos Noces d'Or de sa présence, voulut bien ajouter à cet honneur en nous adressant, à son tour, le remarquable discours que nous sommes si heureux de reproduire dans cette galerie de vœux et de souhaits.

MESSIEURS,

« Le président du Conseil Général a été trop souvent et trop aimablement mis en cause pour qu'il ne se croie pas un peu dans un cas de légitime défense, et, voilà pourquoi, après tous ceux qui viennent de réveiller si éloquemment les souvenirs du passé, j'ai demandé aussi la parole.

« Je veux tout d'abord remercier monsieur le Supérieur, de

l'honneur qu'il m'a fait en m'invitant à cette belle fête : n'étant pas un de vos anciens camarades je n'avais, par moi-même, aucun titre à invoquer pour y prétendre, aussi, ma présence au milieu de vous est-elle comme un hommage posthume rendu à la mémoire de l'homme qui, pendant tant d'années, a présidé notre Conseil Général. Monsieur le baron de Lareinty s'est prodigué jusqu'à la fin, avec une ardeur toujours jeune et une infatigable vivacité à la défense des grandes causes dont cette maison évoque impérieusement le souvenir ; en m'appelant à l'honneur de lui succéder, mes collègues savaient que je suivrais la même voie, sinon avec le même éclat, du moins avec un égal dévoûment, et pour cela, je n'ai qu'à m'inspirer des exemples qu'il m'a laissés.

« Que de grandes choses, Messieurs, accomplies depuis cinquante ans ! Alors que la France chrétienne un peu surprise, hésitante, paraissait incertaine sur la meilleure manière d'utiliser la liberté qui lui était rendue, l'illustre prélat qui occupait le siège de St Félix jetait hardiment les bases d'un enseignement chrétien si complet qu'il n'en existe ailleurs, je crois, aucun qui lui puisse être comparé. Monseigneur Jaquemet semble avoir eu, en quelque sorte, la prescience des temps à venir : peut-être lui avaient-ils été révélés à la lueur des incendies de 1848, lorsqu'il accompagnait dans son œuvre de pacification, le grand archevêque de Paris, le bon pasteur qui sut si glorieusement donner sa vie pour son troupeau !

« Malgré les riantes promesses qui s'ouvraient alors, votre fondateur, pressentant les dangers futurs, sut créer dans son diocèse les fortes études, les sages disciplines qui ont soutenu l'éclat de ses écoles aux heures prospères, et qui leur permettent d'envisager, avec le calme de la force, les heures plus sombres où nous allons entrer.

« Depuis le jour où M. de Falloux a fait triompher l'œuvre de liberté que l'on voudrait aujourd'hui détruire, cinquante années se sont écoulées, marquées par le plus admirable épanouissement du sentiment religieux et catholique. Comme des voyageurs parvenus au sommet d'une montagne, nous avons le droit de nous retourner et de contempler avec une joyeuse fierté la route que nous avons gravie pendant ce demi-siècle ; certes, la marche a parfois été pénible et les pierres du chemin coupantes, mais à chaque nouvel effort un progrès durable restait acquis, de sorte que derrière nous s'étend sous les rayons du soleil couchant, la magnifique moisson de l'enseignement chrétien.

« Maintenant, messieurs, il nous faut continuer ce voyage en saluant encore une fois avec une respectueuse émotion les régions ensoleillées que nous avons parcourues, nous engager résolument sur les pentes qui conduisent vers de nouveaux horizons.

« Sans doute, le temps semble bien menaçant, de sombres nuages nous entourent et nous cachent la route, qu'importe ! nous savons que pour les traverser, il suffit de s'y engager sans crainte et virilement, qu'ils ne sont qu'une apparence fugitive, derrière laquelle s'étendent d'autres plaines aussi fertiles, fécondées par un aussi radieux soleil !

« C'est là votre tâche, à vous, messieurs, qui êtes la jeunesse ; elle sera la récompense de vos efforts, et notre ambition est satisfaite par la pensée que nous confions notre œuvre à d'aussi dignes successeurs.

« Quand, dans cinquante ans, la vieille maison Pergeline célébrera non plus ses noces d'or, mais son centenaire, puissent ceux qui nous auront succédé, contempler avec une égale satisfaction les cinquante années qui les sépareront de nous et avec une confiance plus grande encore, celles qui s'ouvriront alors devant eux ».

Au ton de tous ces discours, il est facile de reconnaître comme M. le Supérieur disait vrai tout à l'heure en affirmant que cette fête est la fête de l'enseignement libre, et de l'enseignement libre à tous les degrés. A ce titre, l'Université catholique de l'Ouest s'y était fait représenter par son Recteur, Mgr. Pasquier. Partout où l'on peut triompher de sa modestie, un discours du distingué prélat est toujours un exquis régal. Nous n'en pouvions pas être privés. Voici le discours de Mgr Pasquier :

« MONSEIGNEUR, MESSIEURS,

« Parmi nos souvenirs d'enfance, dont la plupart tombent et meurent dans l'oubli, il en est de privilégiés, qui, à cause de leur vivacité et de leur agrément, résistent aux ruines du temps et gardent toujours leur fraîcheur première.

« De ce genre, sont pour nous, prêtres angevins, les impressions qu'a éveillées en nos âmes le nom très doux des Enfants-Nantais. Mes condisciples et mes confrères ne me démentiront pas : quand ces deux mots résonnaient à nos oreilles de collégiens ou de séminaristes, nous nous représentions, vivant sur les bords de notre Loire, aux premières *marches* de Bretagne des frères d'une foi sans défaillance, d'une générosité proverbiale, d'une charité héroïque. Pour nos imaginations d'enfants, ou de jeunes clercs, il n'y avait que des Donatien ou des Rogatien dans la grande ville voisine, au beau pays nantais.

« Quand notre vaillant évêque, Mgr Freppel, projette de fonder un Externat dans sa ville épiscopale, nous nous tournons vers Nantes pour y contempler notre modèle. M. l'abbé Gardais vient étudier l'organisation de cette maison, vieille déjà de vingt ans : il consulte le vénéré M. Pergeline. L'expérience de l'un éclaire le zèle de l'autre, et tous deux s'excitent au dévouement par la communication fraternelle de leurs généreuses ambitions.

« Monseigneur Angebault, votre compatriote de douce mémoire, avait déjà accoutumé les Angevins à regarder du côté de Nantes, vers Saint-Stanislas, dont il fut un des fondateurs, pour apprendre comment se créaient et s'organisaient les institutions catholiques qui doivent faire le plus d'honneur à l'Église et au Clergé.

« Quand se fonda l'Université d'Angers, je pris à mon tour

le chemin de Nantes; je vins frapper à la porte de votre Évêché, où, aujourd'hui comme toujours, d'après une tradition qui semble remonter jusqu'aux temps apostoliques de saint Félix, l'accueil de l'évêque est une bénédiction et un encouragement pour toutes les œuvres de zèle catholique. Je demandai à Mgr Fournier le concours d'un de ses prêtres les plus lettrés, d'un ancien professeur de votre Externat. C'est dans une chaire de littérature de cette maison que M. le chanoine Martin avait donné les prémices de son enseignement, les premiers fruits de son goût littéraire. Votre nom fut donc mêlé heureusement à nos entreprises les plus hardies, je dirais volontiers les plus audacieuses.

« Vous ferai-je un aveu? Depuis que j'avais, en 1874, créé mon École des Hautes-Etudes Saint-Aubin, école d'abord bien modeste (il n'y avait que des élèves angevins), je regardais souvent avec des yeux d'envie de votre côté. Il me semblait que si votre beau diocèse s'unissait à nous pour la formation des professeurs et pour la préparation aux grades supérieurs de l'Université, mon Ecole deviendrait, par votre concours, plus solide et aussi durable que le rocher, appelé le Bout-du-Monde, sur lequel une généreuse chrétienne l'avait installée.

« Or, un jour (et je tressaille encore de joie à ce souvenir), je vis venir à nous une première phalange de Donatien et de Rogatien. Ils apportaient dans notre Université angevine les vertus de piété solide, de constance dans le travail, de courage dans la lutte, qui sont propres à leurs ancêtres. Ils étaient énergiques comme des Bretons et doux comme des Angevins.

« Ces Enfants Nantais, devenus depuis, supérieurs ou professeurs à l'Externat, à Saint-Stanislas, aux Couëts, à Guérande, à Ancenis, ont été pour mon Ecole et nos Facultés l'espoir qui donne la confiance; ils ont assuré à notre Université la sympathie de leurs généreux compatriotes. Ils ont fait que notre Œuvre est bien la vôtre, Monseigneur, et que les professeurs de nos Facultés peuvent se dire, avec bonheur, aussi bien Nantais qu'Angevins.

« Je bois à l'union du diocèse de Nantes et de l'Université catholique de l'Ouest. »

Des applaudissements enthousiastes saluent ce gracieux discours. Les plus heureux d'applaudir sont les anciens élèves de Mgr Pasquier, toujours si fiers de leur vénéré maître.

La série des toasts n'est pas épuisée, il y a tant à dire, et il fait si bon épancher son cœur.

C'est maintenant le tour des poètes, M. l'abbé Marbeuf, ancien professeur de rhétorique, curé de la Chapelle-sur-Erdre, chante *Notre Devise*, et M. Dominique Caillé célèbre ses anciens maîtres.

Notre Devise

Qu'elle brille cette devise
Sur le drapeau que nous portons :
« Pour la Patrie et pour l'Eglise,
« Toujours Français, toujours Bretons ! »

Nous n'avons plus les vieux costumes,
Les refrains naïfs et joyeux ;
Mais gardons les vieilles coutumes,
La foi, l'honneur de nos aïeux.

Nous t'aimons, Bretagne, ô patrie
De tant de soldats généreux ;
Nous t'aimons, ô France chérie,
O France, le pays des preux !

Témoins de la longue souffrance,
Des crimes qui te font périr,
Pour te sauver, ô douce France,
S'il le faut, nous saurons mourir ;

Mourir, fiers de la renommée
Dont s'auréole le cercueil,
Comme Mauduit sur la *Framée*,
A Boshop, Villebois-Mareuil ;

Mourir, puisque la mort précoce
A pour le ciel plus de douceur,
Comme Houdet, comme de la Brosse
Sous l'étendard du Sacré-Cœur !

O Bretagne, garde dans l'âme
De tes enfants, garde toujours
De la vertu la pure flamme,
La vaillance des anciens jours.

La Bretagne, terre où l'on prie,
Terre des Bardes, de Merlin,
Vouée à sainte Anne, à Marie,
Est la terre de Duguesclin !

La terre où l'âme est toujours prête,
S'il faut s'immoler quelque part
Comme Pimodan et Charette,
Comme du Couëdic et Cassard ;
Où ce vaincu, La Moricière,
Qui dort couché près de l'autel,
Dont le corps n'est plus que poussière,
Dont le courage est immortel.

O jeunes gens, luttez sans crainte,
Comme vos pères ont lutté
Et pour la religion sainte
Et pour la sainte liberté !

Si, sortant de ses noirs repaires,
Satan voulait vous envahir,
Debout ! debout ! comme vos pères :
Plutôt mourir que de trahir !

Qu'elle brille cette devise
Sur le drapeau que nous portons :
« Pour la Patrie et pour l'Eglise,
« Toujours Français, toujours Bretons ! »

J. MARBEUF.

Sonnet

A la mémoire de mes professeurs et camarades défunts
de l'Externat

En vain sous le ciel bleu la brise nous caresse,
En vain le soleil d'or nous promet de beaux jours,
En vain l'oiseau léger voltige aux alentours
Et, dans les marronniers en fleurs, chante sans cesse ;

En vain dans ce banquet circule l'allégresse
Et l'éloquence y vibre en de fort beaux discours,
Je me sens soucieux et rêveur, car toujours
Mon esprit se reporte au temps de ma jeunesse.

Au milieu des bouquets et des toasts du festin,
J'évoque longuement le souvenir lointain
Des Maîtres, des Amis, que la Mort vint nous prendre.

De les ranimer tous, que n'ai-je le pouvoir !
— Ce sont leurs douces voix que je voudrais entendre,
Leurs visages aimés que je voudrais revoir !

Dominique Caillé.

Commme pour faire écho à ces vers gracieux et si affectueux, Monseigneur se lève à nouveau, et annnonce qu'il est obligé de nous quitter pour aller donner la confirmation à Notre-Dame ; mais, avant de se retirer, il veut offrir à notre collège une couronne, qu'il déposera sur la tête de l'un des anciens élèves qui, professeur à l'Externat depuis 25 ans, a, par son zèle et son amabilité, conquis la sympathie universelle ; il nomme M. l'abbé Sotta chanoine honoraire de la Cathédrale.

Les applaudissements éclatent de toutes parts ; on cherche des yeux le nouveau chanoine ; il est absent ; sans se douter de l'honneur qui lui était réservé, il vient de se rendre auprès d'un malade qui l'appelait ; mais, aussi, comme l'assemblée se dédommage du retard imposé à l'expression de sa joie, lorsqu'apparaît, pâle d'émotion, M. le Directeur! Tous les convives sont debout, et lui font la plus émouvante ovation; à voir l'enthousiasme de toute cette jeunesse et de tous ces hommes distingués, à entendre M. le Directeur, par une modestie que nous admirons sans en admettre toutes les raisons, reporter sur les anciens élèves l'honneur qu'on lui décernait, nous nous disions: « Cette scène, digne de tenter un artistique pinceau, n'est-elle pas l'expression vivante et spontanée de la grande pensée des Noces d'or: union intime de l'Externat et de ses fils, réciprocité d'une infrangible affection? »

Quand l'émotion si joyeuse provoquée par la nomination du nouveau chanoine est enfin calmée, la série des toasts recommence. Les anciens n'ont pas encore assez dit leur reconnaissance. Voici le toast de M. Lallié :

MESSIEURS ET CHERS CAMARADES,

« Un toast de plus est presque toujours un toast de trop; et je viens tard, depuis deux jours que l'on toaste éloquemment du Cinquantenaire. Cependant, tout n'a pas été dit, et je crois être, pour employer une expression moderne, un phonographe reproducteur fidèle de vos sentiments intimes.

« La fête d'aujourd'hui glorifie M. Pergeline, fondateur de l'Externat des Enfants-Nantais, mais elle glorifie aussi M. l'abbé Gouraud, l'organisateur du Cinquantenaire. C'est pour lui le jour d'une victoire préparée par neuf années d'incessants labeurs comme supérieur de cette maison. L'apprentissage de professeur émérite de philosophie, puis de supérieur du collège de Châteaubriand, avait été pour lui une fructueuse initiation.

« M. l'abbé Gouraud, à son arrivée ici, s'est acquitté de la tâche doublement difficile de relier le passé au présent: il a su calmer les légitimes regrets des uns attachés à la mémoire de M. Pergeline, et contenter les espérances des autres.

« Sans rien oublier des soins à donner à l'éducation, il s'est appliqué à développer l'instruction des élèves; il a compris que la lutte allait s'engager sur le terrain de l'instruction et qu'il devait concilier l'ancienne marche des études avec les exigences des programmes nouveaux. Il a voulu être l'éducateur moderne dans le sens le plus précis du mot; il a étudié toutes les méthodes d'enseignement et appliqué les meilleures; il s'est entouré de professeurs excellents dignes de le seconder d'une façon parfaite. Voilà comment, Messieurs, lorsque le hasard des circonstances conduit en d'autres maisons des élèves de l'Externat, ils y prennent aussitôt un rang honorable témoignant de la bonne culture intellectuelle reçue déjà.

« Il n'y a qu'un instant, M. l'abbé Gouraud vous disait que l'Externat conserverait le nom de Maison Pergeline; mais, selon les usages industriels, ne rapprochera-t-on pas le nom de M. Gouraud de celui de M. Pergeline? Lorsque l'heure du centenaire sonnera, élèves et anciens élèves acclameront, à juste titre, la Maison Pergeline, Gouraud et Cie.

« Je lève mon verre en souhaitant longue vie au Supérieur de l'Externat et je bois au Centenaire. »

Après ce toast aussi chaleureusement applaudi que les précédents, M. Galot député, sur l'invitation que lui en font les jeunes, veut bien rappeler qu'il a eu l'honneur d'appartenir aux premiers temps de l'Externat. Il se réjouit de voir que le présent est digne du passé.

Enfin, M. le Docteur Valentin-Désormeaux prend la parole. En termes émus, il rappelle qu'il a eu la gloire d'être le condisciple de classe du lieutenant de Mauduit du Plessis. Puisque son souvenir nous est si glorieux à rappeler à pareil jour, M. Valentin propose de faire savoir à la mère du jeune héros la part que le nom de son fils a eue dans nos fêtes.

M. le Supérieur est heureux de dire à M. Valentin que son désir a été devancé, et qu'à l'heure présente, la famille de de Henri de Mauduit nous est associée dans le même souvenir et dans la même fierté.

C'est sur ces paroles, vivement applaudies, que les convives se lèvent de table, et se répandent sur la cour de récréation, heureux de continuer, dans l'intimité, à échanger les sentiments qui viennent d'être si bien exprimés par les orateurs du banquet.

La soirée se prolonge ainsi dans de délicieux entretiens ; on a peine à s'arracher à cette fête si belle et si réconfortante pour tous. On en emportera du moins le souvenir et on en vivra longtemps. Les plus privilégiés pourront lui donner un lendemain.

3e JOURNÉE

La première chose prévue au programme des fêtes jubilaires de l'Externat avait été un pèlerinage à Sainte-Anne d'Auray. Nos solennités devaient se terminer, comme elles avaient commencé, par la prière. Elles eurent leur couronnement à Sainte-Anne d'Auray dans la basilique de granit qui symbolise la foi tenace de notre Bretagne.

Le vendredi matin, à 10 heures et demie, cent trente pèlerins, professeurs, anciens élèves ou élèves actuels de l'Externat, conduits par M. le Supérieur, arrivaient à Sainte-Anne, pour saluer, selon la belle expression de M. Pergeline (qui l'a donnée pour titre à l'un de ses sermons), « *Celle qui a fait la Bretagne* », et qui, en faisant la Bretagne, a inspiré au cœur des Bretons les vertus dont l'Externat maintient les fortes traditions. M. l'abbé Hillereau, directeur de l'Internat, dit la messe au Maître-Autel, et M. le chanoine Sotta, directeur de l'Externat donne la bénédiction du Très Saint-Sacrement. Sous l'habile doigté de M. Ch. Odion, organiste de l'Externat, les grandes orgues de la basilique, font un splendide écho aux prières et aux sentiments reconnaissants des pèlerins. A l'Évangile, M. le Supérieur adresse encore la parole à l'assistance.

« Le nom et le culte de sainte Anne, dit-il en substance,

éveillent nécessairement l'idée de la famille chrétienne. Rappelez-vous que vous appartenez à une triple famille. La première, celle dont vous êtes les fils, a été souvent nommée dans ces jours; car nous, vos maîtres, nous avons la prétention d'être simplement les auxiliaires de vos parents; c'est d'eux que nous tenons notre autorité sur vous; en les recommandant à sainte Anne, vous prierez pour vos maîtres.

« Nous avons une seconde famille, qui est la France. Ici, dans cette petite patrie qui est la Bretagne, nous prierons pour la grande, et nous demanderons à sainte Anne de garder la foi au cœur de tous les Français.

« Enfin, notre troisième famille, c'est l'Église. Si Marie est la mère de l'Église, sainte Anne en est l'aïeule. Aussi quel n'est pas son amour pour ses petits-fils qui sont tous les chrétiens. »

La cérémonie religieuse achevée, il faut bien songer à réparer un peu les forces épuisées par un lever matinal et un long voyage. C'est dire l'honneur qui fut fait au déjeuner de l'hôtel du *Lion d'or*. On se serait cru au banquet de la veille. Et vraiment, il n'y manquait que le champagne.

Les discours mêmes n'y firent pas défaut. Un gentil élève de quatrième fit à tous l'agréable surprise de célébrer le camail de notre nouveau chanoine. Jugez s'il fut applaudi. Il ne se doutait pas (tant les jeunes sont audacieux !) qu'il s'exposait à ravir à notre cher Vice-Président, M. Fleury, un de ses succès oratoires. Heureusement, M. Fleury défie tous les concurrents, même les poètes. Qu'on en juge par son gracieux discours.

Discours de M. FLEURY

« MONSIEUR LE SUPÉRIEUR,

« MESSIEURS ET CHERS PROFESSEURS,

« CHERS CAMARADES,

« Quand j'ai accepté les fonctions de Vice-Président de l'Association des Anciens Élèves, qu'on m'a fait le grand honneur de me confier, je m'étais bien promis de ne remplir qu'un rôle muet, surtout ayant pour collègues un Président et un Vice-Président qui savent manier la parole avec autant d'habileté que d'éloquence.

« Si je manque à cette résolution c'est que notre cher Président m'a exprimé le désir que je dise ici quelques mots à sa place, et j'aurais eu mauvaise grâce à refuser, car il a donné si vaillamment de sa personne, dans la brillante joute oratoire qui a eu lieu ces derniers jours, qu'il a bien droit aujourd'hui au repos.

« Je regretterais aussi, je l'avoue, de laisser se terminer ces solennités du Cinquantenaire de l'Externat sans mêler ma faible voix au concert de remerciements et d'éloges si justement adressés à Monsieur le Supérieur. Il eût été pourtant plus prudent de me taire après les discours et les toasts prononcés hier et avant-hier, par les hommes les plus éminents, par des poètes de talent, par les anciens et par les jeunes, mais il n'y a ici que des amis, je compte sur leur indulgence.

« Messieurs, je suis certain de répondre à vos sentiments en portant ce toast :

« A Monsieur le Supérieur, qui, avec un dévouement infatigable, a préparé les fêtes du Cinquantenaire et a tant contribué à leur éclat par son éloquente parole. Déployant une activité merveilleuse, s'occupant des moindres détails, il avait tout prévu, tout combiné et si bien, qu'il n'y a qu'une voix pour louer la magnificence des solennités inoubliables auxquelles nous venons d'assister.

« A Monsieur le chanoine Sotta, je suis heureux d'être l'un des premiers à le saluer en public de ce nouveau titre, que sa modestie aurait voulu refuser, mais qui convient si bien à ses mérites. Nous sommes particulièrement reconnaissants à Monseigneur d'avoir eu la délicate inspiration de conférer cette distinction à notre ami à la fête même du Cinquantenaire.

« Nulle autre attention ne pouvait nous toucher plus vivement, car, par cette faveur, Monseigneur honore notre Association et mieux encore récompense un ami pour lequel nous avons les sentiments de l'affection la plus sincère.

« A tous les professeurs de l'Externat qui ont été les auxiliaires si zélés de Monsieur le Supérieur ; à Monsieur l'abbé Lehuic que nous devons remercier d'avoir organisé la partie musicale de nos fêtes qui a été si appréciée, et à Monsieur Odion, son habile collaborateur, que j'aperçois près de lui et auquel nous savons gré d'être venu, jusqu'à Sainte Anne, nous apporter le concours de son talent.

« A notre Président, M. Pierre Pichelin, qui n'épargne ni son temps, ni sa peine, pour la prospérité de notre Association ; à notre Vice-Président, M. Victor Guillemel, dont nous regrettons vivement l'absence ; ils ont l'un et l'autre si bien exprimé les sentiments qui nous animent tous qu'ils ont droit au témoignage de notre gratitude.

« Aux autres membres de notre Bureau, et en particulier à notre Secrétaire, M. Hippolyte Maugras, dont le dévouement ne se lasse jamais. Pour son entrée en fonctions il a fait un coup de maître, car il a obtenu, ces derniers jours, plus de 50 adhésions nouvelles à notre Association.

« A nos jeunes camarades avec lesquels nous sommes si heureux de nous trouver réunis aujourd'hui ! Aux plus âgés je souhaite le succès à leurs examens du baccalauréat qui approchent, aux autres de nombreux prix à la fin de l'année scolaire.

« Pour n'oublier personne, à tous ceux qui ont prêté leur concours à la célébration du Cinquantenaire et contribué au succès de nos fêtes.

« Un mot encore et j'ai fini.

« Je suis certain, Messieurs, d'être votre interprète à tous en remerciant tout particulièrement Monsieur le Supérieur d'avoir eu la bonne pensée d'organiser ce pèlerinage qui nous rappelle ceux d'autrefois, si gais et si pleins d'entrain, et de nous avoir conduits aujourd'hui en ce sanctuaire béni de Sainte-Anne d'Auray. Rien ne pouvait mieux couronner les fêtes du Cinquantenaire que cet acte de foi et de piété, par lequel nous attirons la bénédiction du Ciel sur notre cher Externat.

« Buvons, Messieurs, une fois encore à sa prospérité toujours croissante !

« A l'heure actuelle, si pleine de menaces et de périls, nous ne pouvons savoir quel sort lui est réservé, mais ce dont nous pouvons être assurés, c'est que, tant que cette statue de sainte Anne, que nous voyons d'ici, couvrira de son ombre bienfaisante le pays d'Auray, tant qu'elle étendra son bras protecteur sur notre chère Bretagne, il ne faudra pas désespérer de l'avenir !

« Ayons confiance dans la Providence, prions sainte Anne d'écarter le danger qui nous menace, gardons courage et espoir, et, sur cette terre bretonne, sur cette terre de granit, où sont solidement implantées les pieuses croyances, les fortes traditions, redisons ces vers d'un poète contemporain qui résument nos sentiments de foi et nos espérances :

« Je crois en Dieu ! la France attristée, abattue,
« Laisse opprimer son âme et forcer son aveu.
« La grande Nation dort d'un sommeil qui tue,
« Mais l'heure du sursaut viendra. Je crois en Dieu ! »

En écoutant M. Fleury, des regards malins se dirigeaient du côté de M. Solta. Que va-t il se passer tout à l'heure ? se demandait-on. Notre nouveau Chanoine va-t-il sortir de sa réserve habituelle et nous faire entendre un de ces petits mots exquis dont il a le secret ? Il le fallait bien.

M. le Chanoine s'exécute de bonne grâce, inutile de le dire. Il s'agit d'ailleurs de remercier, et de son cœur la reconnaissance déborde pour son Supérieur, ses confrères, ses anciens camarades.

M. le Supérieur dit lui aussi la part qu'il prend à la joie commune. Ces fêtes si belles de notre jubilé ont été sa récompense, et la nomination de M. Solta, comme chanoine de la

Cathédrale a été la couronne décernée par Monseigneur à l'Externat tout entier.

Les discours sont finis, quelles que soient les choses à dire encore, nous ne sommes pas venus à Sainte-Anne pour discourir. On aime mieux retourner près de la bonne Mère, lui confier ses intentions, lui parler des absents et lui demander ses meilleures bénédictions.

Mais le temps passe vite à Sainte-Anne. Il est 2 heures et demie. Déjà dix voitures sont rangées devant la porte de l'hôtel pour conduire les pèlerins au Champ des Martyrs et à la Chartreuse. Les pieux souvenirs qu'éveillent ces lieux n'empêchent nullement la gaieté. La gaieté, d'ailleurs, qui a été la compagne de tout le pèlerinage, nous suivra jusqu'à Nantes.

Quand, à 8 heures et demie du soir, le train déposa les voyageurs en gare de la Bourse, on avait déjà fait maints projets, non pas pour les noces de diamant .. c'est trop loin, mais pour un autre pèlerinage l'an prochain.

Et maintenant que les fêtes sont passées, le souvenir en est doux à savourer, il durera longtemps. Longtemps l'Externat retentira des acclamations de ses fils. N'ont-ils pas chanté :

Demain, toujours, Mère que Dieu protège.
Lève brillant d'espoir ton front vers l'avenir.
Les ans n'y mettront point leurs rides ni leur neige,
Car notre amour, ô cher Collége,
Viendra souvent te rajeunir.
Nous te donnons le nom de Mère ;
C'est pour toujours t'aimer, ô toi, Maison si chère
Et toujours te bénir.

Nantes. — Imp. Émile Grimaud

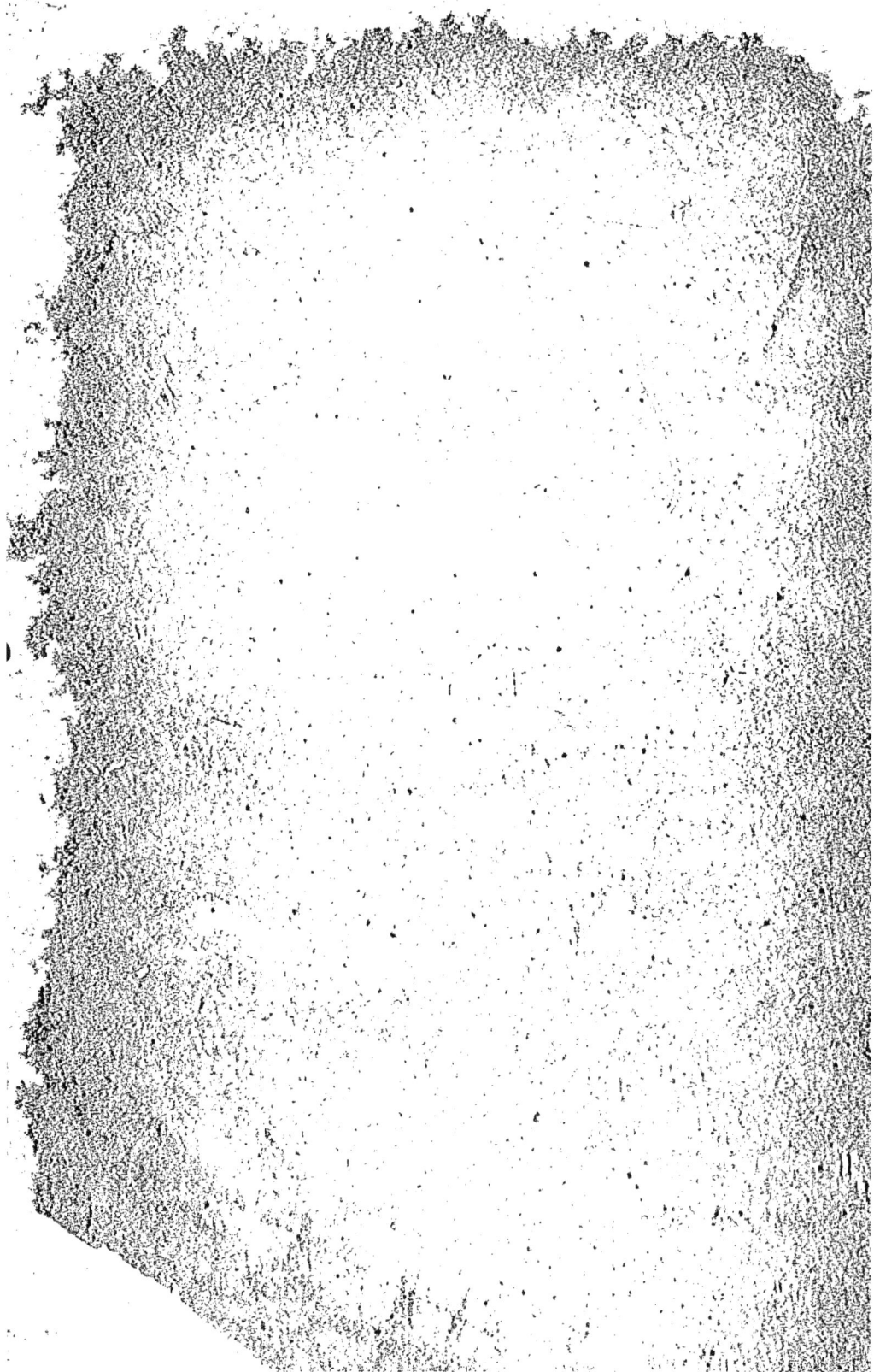

www.ingramcontent.com/pod-product-compliance
Lightning Source LLC
LaVergne TN
LVHW022021080426
835513LV00009B/822